CLASSIQUES & CIE
LYCÉE

VOLTAIRE

Dialogue du Chapon et de la Poularde
et autres dialogues philosophiques (1751-1770)

suivi d'une **anthologie sur les valeurs des Lumières**

Texte intégral suivi d'un
pour la préparation du

Collection dirigée par **Jo**

Édition annotée et comme **par Didier Sevreau**
agrégé de l'Université
docteur ès lettres

Hatier

Dialogue du Chapon et de la Poularde
et autres dialogues philosophiques

8 Dialogue du Chapon et de la Poularde
16 Conversation de Lucien, Érasme et Rabelais dans les Champs-Élysées
25 Entretiens chinois entre un Mandarin et un Jésuite, première conférence
34 Entretiens entre un Sauvage et un Bachelier, premier entretien
40 Entretiens entre un Sauvage et un Bachelier, second entretien
46 Un Plaideur et un Avocat
53 Dialogue entre Mme de Maintenon et Mlle de Lenclos

QUESTIONS

pour vous GUIDER

Une rubrique, au fil du texte, pour vous aider à interpréter les passages clés et acquérir des outils d'analyse

15 **Dialogue du Chapon et de la Poularde** : une fable satirique
24 **Conversation de Lucien, Érasme et Rabelais...** : un conte philosophique
33 **Entretiens chinois entre un Mandarin et un Jésuite** : Le déisme comme remède aux superstitions
39 **Entretiens entre un Sauvage et un Bachelier** (1) : l'homme n'est-il qu'une bête parmi d'autres ?
45 **Entretiens entre un Sauvage et un Bachelier** (2) : portrait d'un philosophe stupide
52 **Un Plaideur et un Avocat :** une satire implacable de la justice
59 **Dialogue entre Mme de Maintenon et Mlle de Lenclos** : qu'est-ce que le bonheur ?

 - ISBN 978-2-218-99751-8

Anthologie sur
les valeurs des Lumières

Les libertés fondamentales

64 **Article « Raison »**, *Encyclopédie* (1751-1772), auteur anonyme
65 **Bayle**, *Commentaire philosophique*, II, chap. 6 (1686)
66 **Montesquieu**, *Lettres persanes* (1721), lettre 85
67 **Voltaire**, *Traité sur la tolérance* (1763), XXIII
68 **Article « Réfugiés »**, *Encyclopédie*, auteur anonyme
70 **De Jaucourt**, article « Presse », *Encyclopédie* (1751-1772)
71 **Déclaration des droits de l'homme et du citoyen du 26 août 1789**

Le droit à l'éducation

73 **Montesquieu**, *De l'esprit des lois* (1748), IV, 4
74 **Saint-Lambert**, article « Législateur », *Encyclopédie* (1751-1772)
74 **Condorcet**, *Esquisse d'un tableau historique des progrès de l'esprit humain* (1793, éd. posthume 1795)

Le respect de la dignité humaine

76 **Montesquieu**, *De l'esprit des lois* (1748), XV, 5
77 **De Jaucourt**, article « Esclavage », *Encyclopédie* (1751-1772)
78 **Déclaration universelle des droits de l'homme de 1948**
79 **Damilaville**, article « Paix », *Encyclopédie* (1751-1772)
79 **De Jaucourt**, article « Guerre », *Encyclopédie* (1751-1772)

Les fondements de la République

81 **Diderot**, article « Autorité politique », *Encyclopédie* (1751-1772)
82 **D'Holbach**, article « Représentants », *Encyclopédie* (1751-1772)
83 **Montesquieu**, *De l'esprit des lois* (1748), XI, 6
84 **Loi de la séparation des Églises et de l'État** (1905)
85 **Constitution de la Ve République** (1958), dans sa révision de juillet 2008

Le dossier

REPÈRES CLÉS

POUR SITUER L'ŒUVRE

89 REPÈRE 1 ♦ **Le siècle de Voltaire**

91 REPÈRE 2 ♦ **Voltaire en son temps**

93 REPÈRE 3 ♦ **La place des *Dialogues philosophiques* dans l'œuvre de Voltaire**

FICHES DE LECTURE

POUR APPROFONDIR SA LECTURE

95 FICHE 1 ♦ **La structure des *Dialogues philosophiques***

102 FICHE 2 ♦ **Les personnages des *Dialogues philosophiques***

105 FICHE 3 ♦ **Les procédés de l'argumentation**

THÈME ET DOCUMENTS

POUR COMPARER

Thème > Un procédé de la satire : le regard étranger

109 DOC. 1 ♦ **La Fontaine**, *Fables* (1668-1693), X, 1, « L'Homme et la Couleuvre »

111 DOC. 2 ♦ **Montesquieu**, *Lettres persanes* (1721), lettre 29

112 DOC. 3 ♦ **Marivaux**, *L'Île des esclaves* (1725), scène 1

112 DOC. 4 ♦ **Rousseau**, *Discours sur les sciences et les arts* (1750)

113 DOC. 5 ♦ **Diderot**, *Supplément au Voyage de Bougainville* (1772, éd. posth. 1796)

114 DOC. 6 ♦ **Voltaire**, *Dialogue entre Mme de Maintenon et Mlle de Lenclos* (1751)

OBJECTIF BAC

POUR S'ENTRAÎNER

> Sujets d'écrit

115 SUJET 1 ♦ **La tolérance : un devoir, des bienfaits**

116 SUJET 2 ♦ **Qu'est-ce que l'homme dans les *Dialogues philosophiques* ?**

> Sujets d'oral

118 SUJET 1 ♦ **Le déisme du Mandarin**

119 SUJET 2 ♦ **Les caractéristiques de la satire**

120 SUJET 3 ♦ **Vraie et fausse philosophie**

121 SUJET 4 ♦ **Une leçon de vie et de sagesse**

> Lectures de l'image

123 LECTURE 1 ♦ **Une couverture publicitaire et révolutionnaire :** Anonyme, Frontispice de l'*Encyclopédie* (1751)

123 LECTURE 2 ♦ **Un philosophe engagé :** Anonyme, *La Famille Calas devant Voltaire* (XVIIIe siècle)

Dialogue du Chapon et de la Poularde

et autres dialogues philosophiques

Dialogue du Chapon et de la Poularde[1] (1763, 1765[2])

LE CHAPON. – Eh, mon Dieu ! Ma poule, te voilà bien triste, qu'as-tu ?

LA POULARDE. – Mon cher ami, demande-moi plutôt ce que je n'ai plus. Une maudite servante m'a prise sur ses genoux, m'a plongé une longue aiguille dans le cul, a saisi ma matrice, l'a roulée autour de l'aiguille, l'a arrachée et l'a donnée à manger à son chat. Me voilà incapable de recevoir les faveurs du chantre du jour, et de pondre.

LE CHAPON. – Hélas ! Ma bonne, j'ai perdu plus que vous ; ils m'ont fait une opération doublement cruelle : ni vous ni moi n'aurons plus de consolation dans ce monde ; ils vous ont fait poularde, et moi chapon. La seule idée qui adoucit mon état déplorable, c'est que j'entendis ces jours passés, près de mon poulailler, raisonner deux abbés italiens à qui on avait fait le même outrage afin qu'ils pussent chanter devant le pape avec une voix plus claire[3]. Ils disaient que les hommes

---

1. Chapon : jeune coq châtré engraissé pour la table et souvent très apprécié ; **poularde** : jeune poule à qui on a enlevé les ovaires pour l'empêcher de pondre et intensément engraissée.

2. Il y a hésitation entre ces deux dates. Celle de 1765 est celle de l'édition française ; mais une édition allemande, dite édition de Kehl, porte la date de 1763.

3. Voltaire fait référence aux castrats, chanteurs émasculés dès l'enfance afin qu'ils puissent conserver une voix de soprano ou d'alto.

avaient commencé par circoncire leurs semblables, et qu'ils finissaient par les châtrer[1] : ils maudissaient la destinée et le genre humain.

La Poularde. – Quoi ! C'est donc pour que nous ayons une voix plus claire qu'on nous a privés de la plus belle partie de nous-mêmes ?

Le Chapon. – Hélas ! Ma pauvre poularde, c'est pour nous engraisser, et pour nous rendre la chair plus délicate.

La Poularde. – Eh bien ! Quand nous serons plus gras, le seront-ils davantage ?

Le Chapon. – Oui, car ils prétendent nous manger.

La Poularde. – Nous manger ! Ah, les monstres !

Le Chapon. – C'est leur coutume ; ils nous mettent en prison pendant quelques jours, nous font avaler une pâtée dont ils ont le secret, nous crèvent les yeux pour que nous n'ayons point de distraction ; enfin, le jour de la fête étant venu, ils nous arrachent les plumes, nous coupent la gorge, et nous font rôtir. On nous apporte devant eux dans une large pièce d'argent ; chacun dit de nous ce qu'il pense ; on fait notre oraison funèbre[2] : l'un dit que nous sentons la noisette ; l'autre vante notre chair succulente ; on loue nos cuisses, nos bras, notre croupion ; et voilà notre histoire dans ce bas monde finie pour jamais.

La Poularde. – Quels abominables coquins ! Je suis prête à m'évanouir. Quoi ! On m'arrachera les yeux ! On me coupera le cou ! Je serai rôtie et mangée ! Ces scélérats n'ont donc point de remords ?

---

4. Châtrer : castrer, émasculer.

5. Oraison funèbre : discours, religieux ou non, prononcé à l'occasion des obsèques d'un personnage illustre. Le contexte rend la référence comique.

LE CHAPON. – Non, m'amie; les deux abbés dont je vous ai parlé disaient que les hommes n'ont jamais de remords des choses qu'ils sont dans l'usage de faire.

LA POULARDE. – La détestable engeance[1] ! Je parie qu'en nous dévorant ils se mettent encore à rire et à faire des contes plaisants, comme si de rien n'était.

LE CHAPON. – Vous l'avez deviné; mais sachez pour votre consolation (si c'en est une) que ces animaux, qui sont bipèdes comme nous, et qui sont fort au-dessous de nous, puisqu'ils n'ont point de plumes, en ont usé ainsi fort souvent avec leurs semblables. J'ai entendu dire à mes deux abbés que tous les empereurs chrétiens et grecs ne manquaient jamais de crever les deux yeux à leurs cousins et à leurs frères; que même, dans le pays où nous sommes, il y avait eu un nommé Débonnaire qui fit arracher les yeux à son neveu Bernard[2]. Mais pour ce qui est de rôtir des hommes, rien n'a été plus commun parmi cette espèce. Mes deux abbés disaient qu'on en avait rôti plus de vingt mille[3] pour de certaines opinions qu'il serait difficile à un chapon d'expliquer, et qui ne m'importent guère.

LA POULARDE. – C'était apparemment pour les manger qu'on les rôtissait.

LE CHAPON. – Je n'oserais pas l'assurer; mais je me souviens bien d'avoir entendu clairement qu'il y a bien des pays, et

---

1. **Engeance** : catégorie de personnes méprisables, détestables.

2. Ce « Débonnaire » est Louis le Pieux (778-840), roi de 814 à 840, qui fit effectivement crever les yeux de son neveu Bernard, coupable de s'être révolté contre lui.

3. **On en avait rôti plus de vingt mille** : ceux que l'Église considérait comme « hérétiques » pouvaient être condamnés à être brûlés vifs sur le bûcher. « Vingt mille » constitue un chiffre invérifiable; sans doute s'agissait-il d'athées ou de protestants.

entre autres celui des Juifs[1], où les hommes se sont quelquefois mangés les uns les autres.

LA POULARDE. – Passe pour cela. Il est juste qu'une espèce si perverse se dévore elle-même, et que la terre soit purgée de cette race. Mais moi qui suis paisible, moi qui n'ai jamais fait de mal, moi qui ai même nourri ces monstres en leur donnant mes œufs, être châtrée, aveuglée, décollée, et rôtie ! Nous traite-t-on ainsi dans le reste du monde ?

LE CHAPON. – Les deux abbés disent que non. Ils assurent que dans un pays nommé l'Inde, beaucoup plus grand, plus beau, plus fertile que le nôtre, les hommes ont une loi sainte qui depuis des milliers de siècles leur défend de nous manger ; que même un nommé Pythagore[2], ayant voyagé chez ces peuples justes, avait rapporté en Europe cette loi humaine, qui fut suivie par tous ses disciples. Ces bons abbés lisaient Porphyre le Pythagoricien[3], qui a écrit un beau livre contre les broches[4]. Ô le grand homme ! Le divin homme que ce Porphyre ! Avec quelle sagesse, quelle force, quel respect tendre pour la Divinité il prouve que nous sommes les alliés et les parents des hommes ; que Dieu nous donna les mêmes organes, les mêmes sentiments, la même mémoire, le même germe

1. Celui des Juifs : l'Ancien Testament rapporte que, lors du siège de Jérusalem en 597 avant notre ère par le roi babylonien Nabuchodonosor II, des Juifs affamés mangèrent des cadavres ; il s'agit de cannibalisme.

2. Pythagore : philosophe grec, mathématicien et réformateur religieux, Pythagore (vers 580 – vers 495 av. J.-C.) fit de nombreux voyages en Syrie, en Égypte, en Crète… Il est toutefois très douteux qu'il soit allé en Inde. Voltaire s'amuse en le laissant entendre.

3. Porphyre : Porphyre de Tyr (vers 234- vers 310 av. J.-C.), dit le Pythagoricien, parce qu'il se réclamait de la doctrine philosophique de Pythagore.

4. Porphyre n'a pas exactement écrit contre les « broches » (humour de Voltaire), mais il est l'auteur d'un opuscule traduit en français en 1747, sous le titre de *Traité de Porphyre touchant l'abstinence de la chair.*

inconnu d'entendement[1] qui se développe dans nous jusqu'au point déterminé par les lois éternelles, et que ni les hommes ni nous ne passons jamais[2] ! En effet, ma chère poularde, ne serait-ce pas un outrage à la Divinité de dire que nous avons des sens pour ne point sentir, une cervelle pour ne point penser ? Cette imagination digne, à ce qu'ils disaient, d'un fou nommé Descartes, ne serait-elle pas le comble du ridicule et la vaine excuse de la barbarie ?

Aussi les plus grands philosophes de l'Antiquité ne nous mettaient jamais à la broche. Ils s'occupaient à tâcher d'apprendre notre langage, et de découvrir nos propriétés si supérieures à celles de l'espèce humaine. Nous étions en sûreté avec eux comme dans l'âge d'or. Les sages ne tuent point les animaux, dit Porphyre ; il n'y a que les barbares et les prêtres qui les tuent et les mangent. Il fit cet admirable livre pour convertir un de ses disciples qui s'était fait chrétien par gourmandise[3].

La Poularde. – Eh bien ! dressa-t-on des autels à ce grand homme qui enseignait la vertu au genre humain, et qui sauvait la vie au genre animal ?

Le Chapon. – Non, il fut en horreur aux chrétiens qui nous mangent, et qui détestent encore aujourd'hui sa mémoire ; ils disent qu'il était impie[4], et que ses vertus étaient fausses, attendu qu'il était païen.

---

1. Entendement : faculté de comprendre, intelligence.

2. Nous ne passons jamais : nous ne dépassons jamais (puisque nos limites sont déterminées par des « lois éternelles »).

3. Effet comique puisque, dans la tradition de l'Église catholique, la gourmandise figure expressément dans la liste des sept péchés capitaux (ainsi appelés parce qu'ils sont à l'origine de tous les autres péchés).

4. Impie : athée.

La Poularde. – Que la gourmandise a d'affreux préjugés ! J'entendais l'autre jour, dans cette espèce de grange qui est près de notre poulailler, un homme qui parlait seul devant d'autres hommes qui ne parlaient point ; il s'écriait que « Dieu avait fait un pacte avec nous et avec ces autres animaux appelés hommes ; que Dieu leur avait défendu de se nourrir de notre sang et de notre chair[1] » ; comment peuvent-ils ajouter à cette défense positive[2] la permission de dévorer nos membres bouillis ou rôtis ? Il est impossible, quand ils nous ont coupé le cou, qu'il ne reste beaucoup de sang dans nos veines ; ce sang se mêle nécessairement à notre chair ; ils désobéissent donc visiblement à Dieu en nous mangeant. De plus, n'est-ce pas un sacrilège de tuer et de dévorer des gens avec qui Dieu a fait un pacte ? Ce serait un étrange traité que celui dont la seule clause serait de nous livrer à la mort. Ou notre Créateur n'a point fait de pacte avec nous, ou c'est un crime de nous tuer et de nous faire cuire il n'y a pas de milieu.

Le Chapon. – Ce n'est pas la seule contradiction qui règne chez ces monstres, nos éternels ennemis. Il y a longtemps qu'on leur reproche qu'ils ne sont d'accord en rien. Ils ne font des lois que pour les violer ; et, ce qu'il y a de pis, c'est qu'ils les violent en conscience[3]. Ils ont inventé cent subterfuges, cent sophismes[4] pour justifier leurs transgressions. Ils ne se servent de la pensée que pour autoriser leurs injustices, et n'emploient les paroles que pour déguiser leurs pensées. Figure-toi que,

1. « Seulement, vous ne mangerez point de chair avec son âme, c'est-à-dire avec son sang », dit Dieu aux fils de Noé (Genèse, IX, 4).

2. **Positive** : expressément formulée.

3. **En conscience** : en toute connaissance.

4. **Sophismes** : raisonnements logiques en apparence mais en réalité totalement faux.

dans le petit pays où nous vivons, il est défendu de nous manger deux jours de la semaine[1] : ils trouvent bien moyen d'éluder[2] la loi ; d'ailleurs cette loi, qui te paraît favorable, est très barbare ; elle ordonne que ces jours-là on mangera les habitants des eaux, ils vont chercher des victimes au fond des mers et des rivières. Ils dévorent des créatures dont une seule coûte souvent plus de la valeur de cent chapons[3] : ils appellent cela jeûner, se mortifier[4]. Enfin je ne crois pas qu'il soit possible d'imaginer une espèce plus ridicule à la fois et plus abominable, plus extravagante et plus sanguinaire.

LA POULARDE. – Eh, mon Dieu ! Ne vois-je pas venir ce vilain marmiton[5] de cuisine avec son grand couteau ?

LE CHAPON. – C'en est fait, m'amie, notre dernière heure est venue ; recommandons notre âme à Dieu.

LA POULARDE. – Que ne puis-je donner au scélérat qui me mangera une indigestion qui le fasse crever ! Mais les petits se vengent des puissants par de vains souhaits, et les puissants s'en moquent.

LE CHAPON. – Aïe ! On me prend par le cou. Pardonnons à nos ennemis.

LA POULARDE. – Je ne puis ; on me serre, on m'emporte. Adieu, mon cher chapon.

LE CHAPON. – Adieu, pour toute l'éternité, ma chère poularde.

---

1. Deux jours de la semaine : le vendredi (jour de la crucifixion du Christ) et le samedi (jour de shabbat).

2. Éluder la loi : contourner la loi avec adresse.

3. Le poisson, qu'il fallait pêcher puis transporter tout en le gardant frais, coûtait plus cher qu'une volaille.

4. Se mortifier : s'imposer des sacrifices et des souffrances dans l'intention de racheter ses péchés.

5. Marmiton : jeune aide-cuisinier, chargé des tâches subalternes.

Une fable satirique : le procès de l'homme

1

À quel genre littéraire appartient le *Dialogue du Chapon et de la Poularde*?

• Ce *dialogue* relève du **genre de la fable**, dont il possède les principales caractéristiques. Les deux personnages en sont des animaux. Ce sont des êtres vivants, capables d'émotions, doués de la parole et aptes à raisonner. Tel était déjà le cas dans les fables de La Fontaine au XVIIe siècle.

• Cette fable prend une **coloration** nettement **satirique** : Voltaire y pourfend l'arrogance et la cruauté de « l'espèce humaine » et égratigne au passage le clergé représenté par les « deux abbés » que connaît le Chapon.

2

Sur quel procédé repose la satire ?

• La satire repose sur le **procédé** traditionnellement appelé **du « regard étranger »** : ici, deux animaux, proches de l'« espèce humaine » tout en n'y appartenant pas, observent ses comportements et les critiquent.

• Ce procédé crée des **effets comiques** et permet à Voltaire de déployer son **ironie**.

3

Quelle est la stratégie argumentative mise en œuvre dans ce dialogue ?

• La technique utilisée est celle des **questions/réponses**. Plus émotive et plus ignorante que le Chapon, la Poularde s'exprime essentiellement sur le double mode exclamatif et interrogatif. Fort de son expérience, le Chapon lui répond. C'est d'ailleurs lui qui parle le plus et le plus longuement.

• La **démarche** de Voltaire est donc **didactique** : il s'agit pour lui d'amuser son lecteur pour mieux le rallier à ses opinions.

DÉFINITION CLÉ

Qu'est-ce que l'ironie ?

• Figure de style fréquente chez Voltaire, l'ironie consiste le plus souvent à dire le **contraire de ce que l'on pense** ; c'est le procédé dit de l'**antiphrase** : par exemple, « un fou nommé Descartes », dont le nom est pourtant synonyme de rigueur intellectuelle.

• Elle peut aussi prendre la **forme d'une raillerie**, comme dans la dénonciation que fait le Chapon des contradictions des « bipèdes » que sont les hommes.

Conversation de Lucien, Érasme et Rabelais[1] dans les Champs-Élysées[2] (1765)

Lucien fit, il y a quelque temps, connaissance avec Érasme, malgré sa répugnance pour tout ce qui venait des frontières de l'Allemagne[3]. Il ne croyait pas qu'un Grec dût s'abaisser à parler avec un Batave[4] ; mais ce Batave lui ayant paru un mort de bonne compagnie, ils eurent ensemble cet entretien.

LUCIEN. – Vous avez donc fait dans un pays barbare le même métier que je faisais dans le pays le plus poli[5] de la terre ; vous vous êtes moqué de tout ?

ÉRASME. – Hélas ! je l'aurais bien voulu ; c'eût été[6] une grande consolation pour un pauvre théologien[7] tel que je l'étais ;

---

1. Lucien : écrivain satirique grec (vers 125-vers 192), célèbre pour ses *Dialogues des morts*. Les philosophes, les sophistes, les religions païenne et chrétienne sont ses cibles préférées. **Érasme** : humaniste hollandais (vers 1469-1536), auteur, notamment, de l'*Éloge de la folie* (1509), qui s'en prend aux fous, grammairiens, théologiens, poètes et, en définitive, à tout le monde, même à ceux qui ne se croient pas fous. **Rabelais** : prêtre puis médecin, humaniste, romancier (1494-1553), auteur, notamment, de *Pantagruel* (1532) et de *Gargantua* (1534).

2. Champs-Élysées : dans la mythologie gréco-romaine, séjour des âmes des héros et des hommes vertueux aux Enfers.

3. Pour un Grec comme Lucien, tout ce qui n'est pas grec était réputé « barbare » ; les peuples qui habitaient l'Allemagne l'étaient encore plus.

4. Batave : Hollandais.

5. Le plus poli : le plus civilisé.

6. C'eût été : ç'aurait été.

7. Théologien : spécialiste des études et des questions religieuses.

mais je ne pouvais prendre les mêmes libertés que vous avez prises.

LUCIEN. – Cela m'étonne : les hommes aiment assez qu'on leur montre leurs sottises en général, pourvu qu'on ne désigne personne en particulier ; chacun applique alors à son voisin ses propres ridicules, et tous les hommes rient aux dépens les uns des autres. N'en était-il donc pas de même chez vos contemporains ?

ÉRASME. – Il y avait une énorme différence entre les gens ridicules de votre temps et ceux du mien : vous n'aviez affaire qu'à des dieux qu'on jouait sur le théâtre, et à des philosophes qui avaient encore moins de crédit que les dieux ; mais, moi, j'étais entouré de fanatiques[1], et j'avais besoin d'une grande circonspection[2] pour n'être pas brûlé par les uns ou assassiné par les autres.

LUCIEN. – Comment pouviez-vous rire dans cette alternative ?

ÉRASME. – Aussi je ne riais guère ; et je passai pour être beaucoup plus plaisant que je ne l'étais : on me crut fort gai et fort ingénieux, parce qu'alors tout le monde était triste. On s'occupait profondément d'idées creuses qui rendaient les hommes atrabilaires[3]. Celui qui pensait qu'un corps peut être en deux endroits à la fois était près d'égorger celui qui expliquait la même chose d'une manière différente[4].

1. Fanatiques : sous ce terme, Voltaire désigne tous ceux qui veulent imposer leur foi par la force, par la violence, voire par le crime. Pour Voltaire, le fanatisme est le premier fléau de la terre.

2. Circonspection : prudence.

3. Atrabilaires : coléreux, irritables.

4. Le jésuite Bouhours (1628-1702) a écrit une *Vie de saint François Xavier, apôtre des Indes et du Japon* (1682), dans laquelle il est dit que ce saint, lors d'une tempête, s'est trouvé en même temps dans deux bateaux différents, distants l'un de l'autre de 150 lieues (soit environ 600 km).

Il y avait bien pis ; un homme de mon état[1] qui n'eût point pris de parti entre ces deux factions eût passé pour un monstre.

LUCIEN. – Voilà d'étranges hommes que les barbares avec qui vous viviez ! De mon temps, les Gètes et les Massagètes[2] étaient plus doux et plus raisonnables. Et quelle était donc votre profession dans l'horrible pays que vous habitiez ?

ÉRASME. – J'étais moine hollandais.

LUCIEN. – Moine ? quelle est cette profession-là ?

ÉRASME. – C'est celle de n'en avoir aucune, de s'engager par un serment inviolable à être inutile au genre humain, à être absurde et esclave, et à vivre aux dépens d'autrui.

LUCIEN. – Voilà un bien vilain métier ! Comment avec tant d'esprit aviez-vous pu embrasser un état qui déshonore la nature humaine ? Passe encore pour vivre aux dépens d'autrui : mais faire vœu de n'avoir pas le sens commun et de perdre sa liberté !

ÉRASME. – C'est qu'étant fort jeune, et n'ayant ni parents ni amis, je me laissai séduire par des gueux[3] qui cherchaient à augmenter le nombre de leurs semblables.

LUCIEN. – Quoi ! il y avait beaucoup d'hommes de cette espèce ?

ÉRASME. – Ils étaient en Europe environ six à sept cent mille[4].

LUCIEN. – Juste ciel ! le monde est donc devenu bien sot et bien barbare depuis que je l'ai quitté ! Horace[5] l'avait bien dit, que tout irait en empirant :

---

1. État : condition sociale et professionnelle.

2. Gètes : peuple des Balkans (situé près du Bas Danube) ; **Massagètes** : peuple de l'est du Caucase.

3. Gueux : misérables.

4. Six à sept cent mille : évaluation du nombre de moines en Europe au début du XVIᵉ siècle.

5. Horace : poète latin (65-8 av. J.-C.), auteur de *Satires*, d'*Épîtres*, d'*Odes* et d'un *Art poétique*.

Progeniem vitiosiorem.
L. III, od. VI, dern[1].

ÉRASME. – Ce qui me console, c'est que tous les hommes dans le siècle où j'ai vécu, étaient montés au dernier échelon de la folie ; il faudra bien qu'ils en descendent, et qu'il y en ait quelques-uns parmi eux qui retrouvent enfin un peu de raison.

LUCIEN. – C'est de quoi je doute fort. Dites-moi, je vous prie, quelles étaient les principales folies de votre temps.

ÉRASME. – Tenez, en voici une liste que je porte toujours avec moi ; lisez.

LUCIEN. – Elle est bien longue.

(Lucien lit, et éclate de rire ; Rabelais survient.)

RABELAIS. – Messieurs, quand on rit je ne suis pas de trop[2] ; de quoi s'agit-il ?

LUCIEN et ÉRASME. – D'extravagances.

RABELAIS. – Ah ! je suis votre homme.

LUCIEN *à Érasme.* – Quel est cet original[3] ?

ÉRASME. – C'est un homme qui a été plus hardi que moi et plus plaisant ; mais il n'était que prêtre, et pouvait prendre plus de liberté que moi qui étais moine.

LUCIEN *à Rabelais.* – Avais-tu fait, comme Érasme, vœu de vivre aux dépens d'autrui ?

RABELAIS. – Doublement, car j'étais prêtre et médecin. J'étais né fort sage, je devins aussi savant qu'Érasme ; et voyant que la sagesse et la science ne menaient communément qu'à l'hôpital

1. *Progeniem vitiosorem* : formule latine signifiant : « la génération qui vient sera encore plus vicieuse [que la nôtre] ». Cette citation provient du livre III des *Odes* d'Horace (ode VI, « Aux Romains »).

2. Dans l'Avis aux lecteurs de *Gargantua,* Rabelais écrit que « rire est le propre de l'homme ».

3. Original : personnage bizarre, fantaisiste.

ou au gibet[1] ; voyant même que ce demi-plaisant d'Érasme était quelquefois persécuté, je m'avisai d'être plus fou que tous mes compatriotes ensemble ; je composai un gros livre de contes[2] à dormir debout, rempli d'ordures, dans lequel je tournai en ridicule toutes les superstitions, toutes les cérémonies, tout ce qu'on révérait dans mon pays, toutes les conditions, depuis celle de roi et de grand pontife[3] jusqu'à celle de docteur en théologie, qui est la dernière de toutes : je dédiai mon livre à un cardinal[4], et je fis rire jusqu'à ceux qui me méprisaient.

LUCIEN. – Qu'est-ce qu'un cardinal, Érasme ?

ÉRASME. – C'est un prêtre vêtu de rouge, à qui on donne cent mille écus de rente pour ne rien faire du tout.

LUCIEN. – Vous m'avouerez du moins que ces cardinaux-là étaient raisonnables. Il faut bien que tous vos concitoyens ne fussent pas si fous que vous le dites.

ÉRASME. – Que M. Rabelais me permette de prendre la parole. Les cardinaux avaient une autre espèce de folie, c'était celle de dominer ; et comme il est plus aisé de subjuguer des sots que des gens d'esprit, ils voulurent assommer la raison qui commençait à lever la tête. M. Rabelais, que vous voyez, imita le premier Brutus[5], qui contrefit

1. Gibet : potence.

2. Un gros livre de contes : le Prologue de *Gargantua* se présente en effet comme une chronique fantaisiste.

3. Grand pontife : le pape.

4. Je dédiai mon livre à un cardinal : Rabelais a effectivement dédié son *Quart livre* (1552) au « Très illustre et révérendissime monseigneur Odet, cardinal de Chastillon », lequel jouissait d'une solide réputation de libertinage.

5. Le premier Brutus : il s'agit de Lucius Junius Brutus qui simula la folie pour garder la vie sauve. Voltaire le qualifie de « premier » pour que nul ne le confonde avec un autre Brutus, célèbre pour avoir assassiné Jules César aux ides de mars (mi-mars) de l'an 44 avant notre ère.

l'insensé pour échapper à la défiance et à la tyrannie des Tarquins[1].

LUCIEN. – Tout ce que vous me dites me confirme dans l'opinion qu'il valait mieux vivre dans mon siècle que dans le vôtre. Ces cardinaux dont vous me parlez étaient donc les maîtres du monde entier, puisqu'ils commandaient aux fous ?

RABELAIS. – Non ; il y avait un vieux fou au-dessus d'eux.

LUCIEN. – Comment s'appelait-il ?

RABELAIS. – Un *papegaut*[2]. La folie de cet homme consistait à se dire infaillible[3], et à se croire le maître des rois ; et il l'avait tant dit, tant répété, tant fait crier par les moines, qu'à la fin presque toute l'Europe en fut persuadée.

LUCIEN. – Ah ! que vous l'emportez sur nous en démence ! Les fables de Jupiter, de Neptune et de Pluton[4], dont je me suis tant moqué, étaient des choses respectables en comparaison des sottises dont votre monde a été infatué[5]. Je ne saurais comprendre comment vous avez pu parvenir à tourner en ridicule, avec sécurité, des gens qui devaient craindre le ridicule encore plus qu'une conspiration. Car enfin on ne se moque pas de ses maîtres impunément : et j'ai été assez sage pour ne pas dire un seul mot des empereurs romains. Quoi !

1. **Tarquins** : Rome, à ses origines, était une monarchie dirigée par la famille royale des Tarquins, jusqu'à ce qu'en 509 avant notre ère une révolution chassât Tarquin le Superbe, orgueilleux et cruel. Après quoi, Rome devint une république et le resta jusqu'au premier siècle avant notre ère.

2. **Papegaut** : le pape (appellation burlesque et irrévérencieuse). Le « papegai » était un perroquet.

3. **À se dire infaillible** : dès les XIVe et XVe siècles, est affirmée l'idée que le pape ne peut se tromper (il est « infaillible ») lorsqu'il s'exprime officiellement sur les matières de la foi (idée que le concile Vatican I érigera en dogme en 1870).

4. Dieux de la mythologie gréco-romaine : **Jupiter** était le dieu suprême ; **Neptune**, le dieu de la mer et des océans ; **Pluton**, le dieu des Enfers.

5. **Dont votre monde a été infatué** : dont votre monde s'est entiché.

votre nation adorait un papegaut ! Vous donniez à ce papegaut tous les ridicules imaginables, et votre nation le souffrait[1] ! Elle était donc bien patiente ?

Rabelais. – Il faut que je vous apprenne ce que c'était que ma nation. C'était un composé d'ignorance, de superstition, de bêtise, de cruauté, et de plaisanterie. On commença par faire pendre et par faire cuire tous ceux[2] qui parlaient sérieusement contre les papegauts et les cardinaux. Le pays des Welches[3], dont je suis natif, nagea dans le sang ; mais dès que ces exécutions étaient faites, la nation se mettait à danser, à chanter, à faire l'amour, à boire, et à rire. Je pris mes compatriotes par leur faible ; je parlai de boire, je dis des ordures, et avec ce secret tout me fut permis. Les gens d'esprit y entendirent finesse, et m'en surent gré ; les gens grossiers ne virent que les ordures, et les savourèrent ; tout le monde m'aima, loin de me persécuter.

Lucien. – Vous me donnez une grande envie de voir votre livre. N'en auriez-vous point un exemplaire dans votre poche ? Et vous, Érasme, pourriez-vous aussi me prêter vos facéties[4] ?

(Ici, Érasme et Rabelais donnent leurs ouvrages à Lucien, qui en lit quelques morceaux, et, pendant qu'il lit, ces deux philosophes s'entretiennent.)

Rabelais *à Érasme.* – J'ai lu vos écrits, et vous n'avez pas lu les miens, parce que je suis venu un peu après vous. Vous avez

1. Le souffrait : le supportait.

2. Tous ceux : les protestants.

3. Le pays des Welches : pays à cheval sur les confins de l'actuelle Alsace et de l'Allemagne. La tradition fait naître Rabelais près de Chinon ; mais, à l'époque de Voltaire, son lieu de naissance restait mal établi.

4. Facéties : plaisanteries burlesques.

peut-être été trop réservé dans vos railleries, et moi trop hardi dans les miennes ; mais à présent nous pensons tous deux de même. Pour moi, je ris quand je vois un docteur arriver dans ce pays-ci.

ÉRASME. – Et moi je le plains ; je dis : Voilà un malheureux qui s'est fatigué toute sa vie à se tromper, et qui ne gagne rien ici à sortir d'erreur.

RABELAIS. – Comment donc ! n'est-ce rien d'être détrompé ?

ÉRASME. – C'est peu de chose quand on ne peut plus détromper les autres. Le grand plaisir est de montrer le chemin à ses amis qui s'égarent, et les morts ne demandent leur chemin à personne.

3 QUESTIONS POUR VOUS GUIDER

Conversation de Lucien, Érasme et Rabelais...

Un conte philosophique : les hommes sont-ils fous ?

1 Comment cet entretien se présente-t-il?

• Le **cadre** en est **mythologique**, les « Champs-Élysées » étant dans l'Antiquité gréco-romaine le séjour des Justes après leur mort. La référence n'apparaît toutefois que dans le titre.

• Pour unique qu'elle soit, cette référence permet à Voltaire de **faire dialoguer trois hommes ayant vécu à des époques différentes** : Lucien au premier siècle de notre ère, Érasme et Rabelais aux XV-XVIe siècles.

• Ceux-ci ont en commun d'être des **satiristes.**

2 À quel genre littéraire cet entretien se rattache-t-il?

• Il s'agit d'un **conte** dans la mesure où, même si les trois interlocuteurs ont réellement existé, leur rencontre relève du domaine de la fiction et, plus précisément, de l'invraisemblance.

• Ce conte, comme presque toujours chez Voltaire, est **philosophique.** Le **thème** général en est la **folie des hommes.**

• S'il est philosophique par son thème, ce conte l'est aussi par son **enjeu** : celui du combat de la raison contre toutes les formes d'erreur.

3 Quel est le registre de cet entretien ?

• Le registre de cette conversation est principalement celui de la **satire.**

• Celle-ci s'exerce **contre les religions** en général et le catholicisme en particulier. Elle vise trois cibles : l'**irrationalité** du dogme religieux et de l'infaillibilité papale ; l'**absurdité néfaste** de la condition ecclésiastique (moines et prêtres) ; le **fanatisme religieux** à l'origine de guerres.

DÉFINITION CLÉ

Qu'est-ce qu'une satire ?

• Une satire est un **texte en prose ou en vers qui tourne en ridicule** attitudes et comportements.

• Elle peut le faire d'une manière générale : on parle alors de **satire de mœurs.** Elle peut aussi viser des personnes précises : on parle alors de **satire *ad hominem*** (= visant quelqu'un).

• La satire peut donc créer la polémique et devenir une **arme de combat** dans la confrontation des idées.

Entretiens chinois entre un Mandarin et un Jésuite[1]

Première conférence (entre 1768[2] et 1770 ?)

LE MANDARIN. – Vous êtes donc bien mal édifié[3] de nos bonzes[4] ?

LE JÉSUITE. – Je vous avoue que je suis indigné de voir quel joug honteux ces séducteurs imposent sur votre populace superstitieuse. Quoi ! vendre la béatitude pour des chiffons bénits[5] ! persuader aux hommes que des pagodes[6] ont parlé ! qu'elles ont fait des miracles ! se mêler de prédire l'avenir ! quelle charlatanerie insupportable !

LE MANDARIN. – Je suis bien aise que l'imposture et la superstition vous déplaisent.

LE JÉSUITE. – Il faut que vos bonzes soient de grands fripons.

---

1. Mandarin : haut fonctionnaire lettré et grand commis de l'Empire chinois ; **jésuite** : membre de l'ordre religieux de la Compagnie de Jésus, fondée par Ignace de Loyola en 1537 et dont l'une des missions principales est l'évangélisation par toute la terre. La première mission des jésuites en Chine remonte à 1582 et leur présence dans l'Empire du milieu durera jusqu'en 1773, date de leur expulsion.

2. La date de ces *Entretiens* demeure imprécise : ils sont à coup sûr postérieurs à 1768 ; ils sont peut-être de 1770.

3. Mal édifié : mal disposé (à l'égard de), être sans illusions.

4. Bonzes : moines bouddhistes.

5. Béatitude : félicité éternelle des âmes au Paradis ; **chiffons bénits** : petits morceaux d'étoffe dont l'achat était censé procurer le bonheur dans l'au-delà.

7. Pagodes : lieux de culte de la religion bouddhiste.

LE MANDARIN. – Pardonnez[1] ; j'en disais autant en voyant en Europe certaines cérémonies, certains prodiges que les uns appellent des fraudes pieuses, les autres des scandales. Chaque pays a ses bonzes. Mais j'ai reconnu qu'il y en a autant de trompés que de trompeurs. Le grand nombre est de ceux que l'enthousiasme aveugle dans leur jeunesse, et qui ne recouvrent jamais la vue ; il y en a d'autres qui ont conservé un œil, et qui voient tout de travers. Ceux-là sont des charlatans imbéciles.

LE JÉSUITE. – Vous devez faire une grande différence entre nous et vos bonzes ; ils bâtissent sur l'erreur, et nous sur la vérité ; et si quelquefois nous l'avons embellie par des fables[2], n'est-il pas permis de tromper les hommes pour leur bien ?

LE MANDARIN. – Je crois qu'il n'est permis de tromper en aucun cas, et qu'il n'en peut résulter que beaucoup de mal.

LE JÉSUITE. – Quoi ! ne jamais tromper ! Mais dans votre gouvernement, dans votre doctrine des lettres, dans vos cérémonies et vos rites, n'entre-t-il rien qui fascine les yeux du peuple pour le rendre plus soumis et plus heureux ? Vos lettrés se passeraient-ils d'erreurs utiles ?

LE MANDARIN. – Depuis près de cinq mille ans nous avons des annales[3] fidèles de notre empire, nous n'avons pas un seul exemple parmi les lettrés des saintes fourberies dont vous parlez ; c'est de tout temps, il est vrai, le partage des bonzes et du peuple ; mais nous n'avons ni la même langue, ni la

1. Pardonnez : excusez-moi.

2. Fables : récits mensongers.

3. Annales : ouvrages rapportant les événements dans l'ordre chronologique, année après année.

même écriture, ni la même religion que le peuple[1]. Nous avons adoré dans tous les siècles un seul Dieu, créateur de l'univers, juge des hommes, rémunérateur[2] de la vertu, et vengeur du crime dans cette vie et dans la vie à venir. Ces dogmes[3] purs nous ont paru dictés par la raison universelle. Notre empereur présente au Souverain de tous les êtres les premiers fruits de la terre ; nous l'accompagnons dans ces cérémonies simples et augustes[4], nous joignons nos prières aux siennes. Notre sacerdoce[5] est la magistrature ; notre religion est la justice : nos dogmes sont l'adoration, la reconnaissance, et le repentir ; il n'y a rien là dont on puisse abuser ; point de métaphysique[6] obscure qui divise les esprits, point de sujet de querelles ; nul prétexte d'opposer l'autel au trône ; nulle superstition qui indigne les sages ; aucun mystère qui entraîne les faibles dans l'incrédulité, et qui, en les irritant contre des choses incompréhensibles, leur puisse faire rejeter l'idée d'un Dieu que tout le monde doit comprendre.

LE JÉSUITE. – Comment donc, avec une doctrine que vous dites si pure, pouvez-vous souffrir parmi vous des bonzes qui ont une doctrine si ridicule ?

LE MANDARIN. – Eh ! comment aurions-nous pu déraciner une ivraie[7] qui couvre le champ d'un vaste empire aussi

---

1. Le confucianisme était plutôt la religion des mandarins tandis que le taoïsme et le bouddhisme étaient les deux religions principales du peuple. Le confucianisme tendait vers un idéal de sagesse, que Voltaire a souvent loué dans ses divers écrits sur la Chine.

2. Rémunérateur : qui récompense (les bonnes actions)

3. Dogmes : doctrines religieuses.

4. Augustes : vénérables, saintes.

5. Sacerdoce : fonction qui exige beaucoup de dévouement.

6. Métaphysique : au sens propre, étude de ce qui au-delà de la physique ; branche de la philosophie qui s'intéresse aux causes premières de l'univers.

7. Ivraie : plante nuisible aux céréales, symbolisant par extension les méchants.

peuplé que votre Europe ? Je voudrais qu'on pût ramener tous les hommes à notre culte simple et sublime ; ce ne peut être que l'ouvrage des temps et des sages. Les hommes seraient plus justes et plus heureux. Je suis certain, par une longue expérience, que les passions, qui font commettre de si grands crimes, s'autorisent presque toutes des erreurs que les hommes ont mêlées à la religion.

Le Jésuite. – Comment ! vous croyez que les passions raisonnent, et qu'elles ne commettent des crimes que parce qu'elles raisonnent mal ?

Le Mandarin. – Cela n'arrive que trop souvent.

Le Jésuite. – Et quel rapport nos crimes ont-ils donc avec les erreurs superstitieuses ?

Le Mandarin. – Vous le savez mieux que moi. Ou bien ces erreurs révoltent un esprit assez juste[1] pour les sentir, et non assez sage pour chercher la vérité ailleurs ; ou bien ces erreurs entrent dans un esprit faible qui les reçoit avidement. Dans le premier cas, elles conduisent souvent à l'athéisme ; on dit : Mon bonze m'a trompé ; donc il n'y a point de religion, donc il n'y a point de Dieu, donc je dois être injuste si je puis l'être impunément. Dans le second cas, ces erreurs entraînent au plus affreux fanatisme ; on dit : Mon bonze m'a prêché que tous ceux qui n'ont point donné de robe neuve à la pagode sont les ennemis de Dieu, qu'on peut, en sûreté de conscience, égorger tous ceux qui disent que cette pagode n'a qu'une tête, tandis que mon bonze jure qu'elle en a sept. Ainsi je peux assassiner, dans l'occasion, mes amis, mes parents, mon roi, pour faire mon salut.

1. **Assez juste** : assez droit.

LE JÉSUITE. – Il me semble que vous vouliez parler de nos moines sous le nom de bonzes. Vous auriez grand tort ; ne seriez-vous pas un peu malin[1] ?

LE MANDARIN. – Je suis juste, je suis vrai, je suis humain. Je n'ai acception de personne[2] ; je vous dis que les particuliers et les hommes publics commettent souvent sans remords les plus abominables injustices, parce que la religion qu'on leur prêche, et qu'on altère[3], leur semble absurde. Je vous dis qu'un raïa[4] de l'Inde, qui ne connaît que sa presqu'île, se moque de ses théologiens qui lui crient que son dieu Vitsnou[5] s'est métamorphosé neuf fois pour venir converser avec les hommes, et que, malgré le petit nombre de ses incarnations, il est fort supérieur au dieu Sammonocodom, qui s'est incarné chez les Siamois[6] jusqu'à cinq cent cinquante fois. Notre raïa, qui entend à droite et à gauche cent rêveries de cette espèce, n'a pas de peine à sentir combien une telle religion est impertinente[7] ; mais son esprit, séduit par son cœur pervers, en conclut témérairement qu'il n'y a aucune religion : alors il s'abandonne à toutes les fureurs de son ambition aveugle ; il insulte ses voisins, il les dépouille ; les campagnes sont ravagées, les villes mises en cendres, les peuples égorgés. Les prédicateurs ne lui avaient jamais parlé

---

1. **Malin** : au double sens de « rusé » et d'« inspiré par le diable » (qualifié dans la Bible de « Malin »).
2. **Je n'ai acception de personne** : je ne fais pas de différence entre les personnes.
3. **Altère** : déforme, dégrade.
4. **Raïa** : sujet non musulman vivant dans un État musulman.
5. **Vitsnou** (ou Vishnou) : deuxième dieu de la trinité hindoue (avec Brahma et Shiva), célèbre pour ses multiples métamorphoses.
6. **Sammonocodom** : dieu du pays de Siam (actuelle Thaïlande) ; **Siamois** : habitants du pays de Siam (aujourd'hui la Thaïlande).
7. **Impertinente** : absurde, qui est contre la raison.

contre le crime de la guerre ; au contraire, ils avaient fait en chaire le panégyrique des destructeurs nommés conquérants[1] ; et ils avaient même arrosé ses drapeaux en cérémonie de l'eau lustrale du Gange[2]. Le vol, le brigandage, tous les excès des plus monstrueuses débauches, toutes les barbaries des assassinats, sont commis alors sans scrupule ; la famine et la contagion achèvent de désoler cette terre abreuvée de sang. Et cependant les prédicateurs du voisinage prêchent tranquillement la controverse devant de bonnes vieilles femmes qui, au sortir du sermon, entoureraient leur prochain de fagots allumés, si leur prochain soutenait que Sammonocodom s'est incarné cinq cent quarante-neuf fois, et non pas cinq cent cinquante.

J'ose dire que si ce raïa avait été infiniment persuadé de l'existence d'un Dieu infini, présent partout, infiniment juste, et qui doit par conséquent venger l'innocence opprimée, et punir un scélérat né pour le malheur du genre humain ; si ses courtisans avaient les mêmes principes, si tous les ministres de la religion avaient fait tonner dans son oreille ces importantes vérités, au lieu de parler des métamorphoses de Vitsnou, alors ce raïa aurait hésité à se rendre si coupable.

Il en est de même dans toutes les conditions ; j'en ai vu plus d'un triste exemple dans les pays étrangers et dans ma patrie.

---

1. **Chaire** : tribune du haut de laquelle un prédicateur s'adresse aux fidèles ; **panégyrique** : éloge officiel ; **conquérants** : prêtre et prédicateur, Jean-Baptiste Massillon (1663-1742) avait béni les drapeaux du régiment du maréchal de France Nicolas Catinat. Sous la référence chinoise se cache donc une allusion satirique à la France. Massillon était réputé par ailleurs pour sa douceur et pour sa dénonciation des guerres entreprises par Louis XIV.

2. **Eau lustrale** : eau qui purifie ; **Gange** : fleuve sacré du nord de l'Inde, dans lequel se baignent les pèlerins.

LE JÉSUITE. – Ce que vous dites n'est que trop vrai, il faut en convenir, et j'en augure[1] un bon succès pour l'objet de ma mission. Mais avant d'avoir l'honneur de vous en parler, dites-moi, je vous prie, si vous pensez qu'il soit possible d'obtenir des hommes qu'ils se bornent à un culte simple, raisonnable et pur envers l'Être suprême ? Ne faut-il pas aux peuples quelque chose de plus ? n'ont-ils pas besoin, je ne dis pas des fourberies de vos bonzes, mais de quelques illusions respectables ? n'est-il pas avantageux pour eux qu'ils soient pieusement trompés, je ne dis pas par vos bonzes, mais par des gens sages ? Une prédiction heureusement appliquée, un miracle adroitement opéré, n'ont-ils pas quelquefois produit beaucoup de bien ?

LE MANDARIN. – Vous me paraissez faire tant de cas de la fourberie, que peut-être je vous la pardonnerais, si elle pouvait en effet être utile au genre humain. Mais je crois fermement qu'il n'y a aucun cas où le mensonge puisse servir la vérité.

LE JÉSUITE. – Cela est bien dur. Cependant je vous jure que nous avons fait parler en Italie et en Espagne plus d'une image de la Vierge avec un très grand succès ; les apparitions des saints, les possessions du Malin[2], ont fait chez nous bien des conversions. Ce n'est pas comme chez vos bonzes.

LE MANDARIN. – Chez vous, comme chez eux, la superstition n'a jamais fait que du mal. J'ai lu beaucoup de vos histoires ; je vois qu'on a toujours commis les plus grands attentats dans l'espérance d'une expiation aisée. La plupart de vos Européens ont ressemblé à un certain roi d'une petite province de votre

1. **J'en augure** : j'en prévois.
2. **Malin** : le diable, Satan.

Occident, qui portait, dit-on, je ne sais quelle petite pagode à son bonnet[1], et qui lui demandait toujours permission de faire assassiner ou empoisonner ceux qui lui déplaisaient. Votre premier empereur chrétien[2] se souilla de parricides, comptant qu'il serait un jour purifié avec de l'eau. En vérité le genre humain est bien à plaindre ; les passions portent les hommes aux crimes ; s'il n'y a point d'expiation, ils tombent dans le désespoir et dans la fureur ; s'il y en a, ils commettent le crime impunément.

LE JÉSUITE. – Eh bien ! ne vaudrait-il pas mieux proposer des remèdes à ces malades frénétiques[3], que de les laisser sans secours ?

LE MANDARIN. – Oui, et le meilleur remède est de réparer par une vie pure les injustices qu'on peut avoir commises. Adieu. Voici le temps où je dois soulager quelques-uns de mes frères qui souffrent. J'ai fait des fautes comme un autre ; je ne veux pas les expier autrement ; je vous conseille d'en faire de même.

---

1. Un certain roi : il s'agit de Louis XI (1423-1483), roi de France de 1461 à 1483. Louis XI portait un chapeau (et non un « bonnet ») de forme arrondie et allant s'amenuisant vers le haut, d'où la comparaison humoristique que le Mandarin fait avec une « pagode ».

2. Il s'agit de Constantin le Grand (272-337) qui, par l'édit de Milan (313), fait du christianisme la religion officielle de l'Empire romain. Il ne reçoit le baptême qu'à la veille de sa mort.

3. Malades frénétiques : malades délirants.

Entretiens chinois entre un Mandarin et un Jésuite

Le déisme comme remède aux superstitions

1

Quelle stratégie argumentative Voltaire adopte-t-il dans ce texte ?

• L'**objet du débat** est le suivant : les religions doivent-elles favoriser la superstition ou introduire dans leurs dogmes respectifs des « fraudes pieuses » ?
• **Deux thèses sont en présence** : l'une, défendue par le **Mandarin**, n'admet aucune « fourberie » ; l'autre, soutenue par le **Jésuite**, en admet la possibilité si cela rend les conversions plus aisées.
• **Chacun des interlocuteurs réfute la thèse de l'autre.** Tout en restant ferme sur ses positions, le Mandarin concède toutefois l'existence de quelques pratiques répréhensibles. Ce qui est une preuve d'intelligence de sa part.

2

Comment qualifier cet entretien ?

• Cet entretien possède une **visée didactique** : il s'agit de convaincre le lecteur des dangers et de l'inutilité des superstitions.
• La démarche utilisée est celle des **questions/réponses**. C'est le **Jésuite** qui, le plus souvent, pose les questions – ce qui le met en position d'**infériorité**. Et c'est le **Mandarin** qui répond – ce qui le met en position de **supériorité** (en tant que détenteur d'un savoir).
• Didactique, l'entretien l'est enfin par la présence de **nombreux exemples** (notamment celui du raïa de l'Inde).

3

Dans quelle mesure ce texte illustre-t-il les valeurs des Lumières ?

• Arme de combat contre le fanatisme et les impostures des religions, ce texte milite en faveur d'un **déisme** étranger à tout dogme et compatible avec les exigences de la raison.
• Ce déisme, que défend Voltaire, définit un art de vivre et une finalité de l'existence : **rendre les hommes « plus justes et plus heureux »**.

DÉFINITION CLÉ

Qu'est-ce qu'une concession ?

Un **raisonnement** dit **concessif** admet dans un premier temps une objection de l'interlocuteur, mais c'est pour mieux le contredire ensuite et sur des points généralement plus importants que celui concédé.

Entretiens entre un Sauvage et un Bachelier[1] (1761)
Premier entretien

Un gouverneur de la Cayenne[2] amena un jour un Sauvage de la Guyane, qui était né avec beaucoup de bon sens, et qui parlait assez bien le français. Un Bachelier de Paris eut l'honneur d'avoir avec lui cette conversation.

LE BACHELIER. – Monsieur le Sauvage, vous avez vu sans doute beaucoup de vos camarades qui passent leur vie tout seuls ; car on dit que c'est là la véritable vie de l'homme, et que la société n'est qu'une dépravation artificielle[3].

LE SAUVAGE. – Jamais je n'ai vu de ces gens-là : l'homme me paraît né pour la société, comme plusieurs espèces d'animaux : chaque espèce suit son instinct ; nous vivons tous en société chez nous.

LE BACHELIER. – Comment ! en société ! vous avez donc de belles villes murées[4], des rois qui tiennent une cour, des

---

1. Sauvage : non-Européen, souvent originaire d'Amérique du Nord, au mode de vie primitif et considéré (par les Européens) comme dénué de toute culture ; **bachelier** : étudiant en droit ayant soutenu sa thèse après trois années d'étude.

2. Cayenne : partie de la Guyane française sur la côte nord-est de l'Amérique du Sud.

3. Allusion ironique à Jean-Jacques Rousseau qui, dans son *Discours sur les sciences et les arts* (1759), développe l'idée selon laquelle la décadence des sociétés est liée au progrès des Lumières.

4. Murées : entourées de remparts (comme Paris à l'époque).

spectacles, des couvents, des universités, des bibliothèques, et des cabarets ?

LE SAUVAGE. – Non ; est-ce que je n'ai pas ouï dire que dans votre continent vous avez des Arabes, des Scythes[1], qui n'ont jamais rien eu de tout cela, et qui forment cependant des nations considérables ? nous vivons comme ces gens-là. Les familles voisines se prêtent du secours. Nous habitons un pays chaud, où nous avons peu de besoins ; nous nous procurons aisément la nourriture ; nous nous marions, nous faisons des enfants, nous les élevons, nous mourons. C'est tout comme chez vous, à quelques cérémonies près.

LE BACHELIER. – Mais, monsieur, vous n'êtes donc pas sauvage ?

LE SAUVAGE. – Je ne sais pas ce que vous entendez par ce mot.

LE BACHELIER. – En vérité, ni moi non plus ; il faut que j'y rêve[2]. Nous appelons sauvage un homme de mauvaise humeur, qui fuit la compagnie[3].

LE SAUVAGE. – Je vous ai déjà dit que nous vivons ensemble dans nos familles.

LE BACHELIER. – Nous appelons encore sauvages les bêtes qui ne sont pas apprivoisées, et qui s'enfoncent dans les forêts ; et de là nous avons donné le nom de sauvage à l'homme qui vit dans les bois.

LE SAUVAGE. – Je vais dans les bois comme vous autres, quand vous chassez.

LE BACHELIER. – Pensez-vous quelquefois ?

LE SAUVAGE. – On ne laisse pas d'avoir quelques idées.

---

1. Scythes : peuple des steppes vivant près de la mer Noire.

2. Il faut que j'y rêve : il faut que j'y pense.

3. Le Bachelier confond « sauvage » et « misanthrope ».

LE BACHELIER. – Je serais curieux de savoir quelles sont vos idées ; que pensez-vous de l'homme ?

LE SAUVAGE. – Je pense que c'est un animal à deux pieds, qui a la faculté de raisonner, de parler, et de rire, et qui se sert de ses mains beaucoup plus adroitement que le singe. J'en ai vu de plusieurs espèces, des blancs comme vous, des rouges, comme moi, des noirs comme ceux qui sont chez monsieur le gouverneur de la Cayenne. Vous avez de la barbe, nous n'en avons point ; les nègres ont de la laine[1], et vous et moi portons des cheveux. On dit que dans votre Nord tous les cheveux sont blonds ; ils sont tous noirs dans notre Amérique ; je n'en sais guère davantage.

LE BACHELIER. – Mais votre âme, monsieur ? votre âme ? quelle notion en avez-vous ? D'où vous vient-elle ? qu'est-elle ? que fait-elle ? comment agit-elle ? où va-t-elle[2] ?

LE SAUVAGE. – Je n'en sais rien ; je ne l'ai jamais vue.

LE BACHELIER. – À propos, croyez-vous que les bêtes soient des machines[3] ?

LE SAUVAGE. – Elles me paraissent des machines organisées qui ont du sentiment et de la mémoire.

LE BACHELIER. – Et vous, vous, monsieur le Sauvage, qu'imaginez-vous avoir par-dessus les bêtes ?

LE SAUVAGE. – Une mémoire infiniment supérieure, beaucoup plus d'idées, et, comme je vous l'ai déjà dit, une langue qui forme incomparablement plus de sons que la langue des

1. Les nègres ont de la laine : des cheveux blancs bouclés, quand ils vieillissent.

2. Toutes ces questions relèvent du domaine de la métaphysique (qui s'intéresse aux causes premières de l'univers).

3. Allusion à la théorie de Descartes (1596-1650), pour qui les animaux ne sont que des « machines » incapables de sentiments, et que La Fontaine conteste radicalement dans son *Discours à madame de La Sablière (Fables*, IX, 1678).

bêtes, et des mains plus adroites, avec la faculté de rire qu'un grand raisonneur me fait exercer.

LE BACHELIER. – Et, s'il vous plaît, comment savez-vous tout cela ? et de quelle nature est votre esprit ? comment votre âme anime-t-elle votre corps ? pensez-vous toujours ? votre volonté est-elle libre ?

LE SAUVAGE. – Voilà bien des questions. Vous me demandez comment je possède ce que Dieu a daigné donner à l'homme : c'est comme si vous me demandiez comment je suis né. Il faut bien, puisque je suis né homme, que j'aie les choses qui constituent l'homme, comme un arbre a de l'écorce, des racines et des feuilles. Vous voulez que je sache de quelle nature est mon esprit ; je ne me le suis pas donné, je ne peux le savoir ; comment mon âme anime[1] mon corps : je n'en suis pas mieux instruit. Il me semble qu'il faut avoir vu le premier ressort de votre montre pour juger comment elle marque l'heure. Vous me demandez si je pense toujours. Non ; j'ai quelquefois des demi-idées, comme quand je vois des objets de loin confusément ; quelquefois j'ai des idées plus fortes, comme lorsque je vois un objet de plus près je le distingue mieux ; quelquefois je n'ai point d'idées du tout, comme lorsque je ferme les yeux, je ne vois rien. Vous me demandez après cela si ma volonté est libre. Je ne vous entends[2] point ; ce sont des choses que vous savez, sans doute ; vous me ferez plaisir de me les expliquer.

LE BACHELIER. – Oh ! vraiment oui, j'ai étudié toutes ces matières ; je pourrais vous en parler un mois de suite sans

1. **Anime** : fait bouger.
2. **Entends** : comprends.

discontinuer que vous n'y entendriez rien. Dites-moi un peu, connaissez-vous le bon et le mauvais, le juste et l'injuste ? Savez-vous quel est le meilleur des gouvernements, le meilleur culte, le droit des gens, le droit public, le droit civil, le droit canon[1] ? comment se nommaient le premier homme et la première femme qui ont peuplé l'Amérique ? Savez-vous à quel dessein[2] il pleut dans la mer, et pourquoi vous n'avez point de barbe ?

LE SAUVAGE. – En vérité, monsieur, vous abusez un peu de l'aveu que j'ai fait d'avoir plus de mémoire que les animaux ; j'ai peine à retrouver les questions que vous me faites. Vous parlez du bon et du mauvais, du juste et de l'injuste : il me paraît que tout ce qui nous fait plaisir sans faire tort à personne est très bon et très juste ; que ce qui fait tort aux hommes sans nous faire de plaisir est abominable ; et que ce qui nous fait plaisir en faisant du tort aux autres est bon pour nous dans le moment, très dangereux pour nous-mêmes, et très mauvais pour autrui.

LE BACHELIER. – Et avec ces maximes-là vous vivez en société ?

LE SAUVAGE. – Oui, avec nos parents et nos voisins. Sans beaucoup de peines et de chagrins, nous attrapons doucement notre centaine d'années ; plusieurs même vont à cent vingt ; après quoi notre corps fertilise la terre dont il a été nourri.

LE BACHELIER. – Vous me paraissez avoir une bonne tête ; je veux vous la renverser[3]. Dînons ensemble : après quoi nous continuerons à philosopher avec méthode.

---

1. **Droit canon** : règles et lois qui régissent la vie interne de l'Église, en matière de foi et de discipline.
2. **À quel dessein** : dans quel but.
3. **Je veux vous la renverser** : je veux vous faire penser autrement.

Entretiens entre un Sauvage et un Bachelier
Premier entretien

L'homme n'est-il qu'une bête parmi d'autres ?

1 Qui sont les interlocuteurs ?

• Aucun des deux interlocuteurs n'a de patronyme. Ils se définissent par un seul trait : une **inculture**, supposée, pour le **Sauvage** ; une **culture**, supposée par son diplôme, pour le **Bachelier**.

• Selon la **technique** dite **du front renversé**, le Bachelier, imbu de sa prétendue culture, pose des questions de plus en plus stupides (d'ordre métaphysique), auxquelles le Sauvage répond avec bon sens et intelligence.

2 Dans quelle mesure cet entretien est-il philosophique ?

• Philosophique, cet entretien l'est d'abord par son **enjeu. Qu'est-ce que l'homme?** Qu'est-ce qui le différencie des « bêtes » ? D'où vient qu'il pense? C'est depuis l'Antiquité l'un des domaines par excellence de la philosophie.

• Philosophique, l'entretien l'est ensuite par la **conception de l'homme que développe le Sauvage.** Celui-ci ne fait pas de différence d'essence (ou de nature) entre « l'animal à deux pieds » qu'est l'homme et les animaux. S'il distingue bien une différence, celle-ci est uniquement d'ordre qualitatif (l'homme est par exemple plus adroit que le singe).

3 Quelle en est la portée didactique ?

• Affirmer l'**existence d'une unité de l'espèce humaine**, en dépit de différences physiques. Cette unité se caractérise par « la faculté de raisonner, de parler et de rire ».

• Affirmer l'**existence d'une morale naturelle**, fondée sur l'entraide, sur le juste qui consiste à ne pas faire de tort à autrui.

• **Combattre implicitement les thèses de Jean-Jacques Rousseau sur l'état de nature.** « Le Bachelier de Paris », qui devrait en théorie défendre la civilisation, soutient que « la société n'est qu'une dépravation artificielle » (thèse de Rousseau) et le « bon Sauvage » défend l'idée que l'homme est « né pour la société » (thèse de Voltaire).

DÉFINITION CLÉ

Qu'est-ce qu'une morale naturelle ?

Étude et pratique des comportements humains, la morale est dite « naturelle » quand elle se révèle indépendante des époques, des civilisations et des cultures, quand elle ne trouve pas son origine ou sa justification dans un dogme religieux.

Entretiens entre un Sauvage et un Bachelier
Second entretien

LE SAUVAGE. – J'ai avalé des aliments qui ne me paraissent pas faits pour moi, quoique j'aie un très bon estomac ; vous m'avez fait manger quand je n'avais plus faim, et boire quand je n'avais plus soif; mes jambes ne sont plus si fermes qu'elles l'étaient avant le dîner, ma tête est plus pesante, mes idées ne sont plus si nettes. Je n'ai jamais éprouvé cette diminution de moi-même dans mon pays. Plus on met ici dans son corps, et plus on perd de son être. Dites-moi, je vous prie, quelle est la cause de ce dommage.

LE BACHELIER. – Je vais vous le dire. Premièrement, à l'égard de ce qui se passe dans votre tête, je le sais très bien : écoutez. L'âme, ne tenant aucune place, est placée dans la glande pinéale[1], ou dans le corps calleux[2], au milieu de la tête. Les esprits animaux[3] qui s'élèvent de l'estomac montent à l'âme, qu'ils ne peuvent toucher parce qu'ils sont matière et qu'elle ne l'est pas. Or, comme ils ne peuvent agir l'un sur l'autre,

1. Glande pinéale : petite glande, encore appelée l'épiphyse, située au-dessous du bourrelet du corps calleux (voir la note suivante).

2. Corps calleux : large bande blanche qui réunit les deux hémisphères du cerveau.

3. Esprits animaux : selon la terminologie de Descartes, il s'agit d'une « flamme très pure et très vive qui, montant du cœur dans le cerveau, donne le mouvement à tous les membres ».

cela fait que l'âme reçoit leur impression ; et, comme elle est simple, et que par conséquent elle ne peut éprouver aucun changement, cela fait qu'elle change, qu'elle devient pesante, engourdie, quand on a trop mangé ; de là vient que plusieurs grands hommes dorment après dîner.

LE SAUVAGE. – Ce que vous me dites me paraît bien ingénieux et bien profond ; faites-moi la grâce de m'en donner quelque explication qui soit à ma portée.

LE BACHELIER. – Je vous ai dit tout ce qui peut se dire sur cette grande affaire, mais en votre faveur je vais un peu m'étendre : allons par degrés[1] ; savez-vous que ce monde-ci est le meilleur des mondes possibles[2] ?

LE SAUVAGE. – Comment ! il est impossible à l'Être infini de faire quelque chose de mieux que ce que nous voyons ?

LE BACHELIER. – Assurément, et ce que nous voyons est ce qu'il y a de mieux. Il est bien vrai que les hommes se pillent et s'égorgent ; mais c'est toujours en faisant l'éloge de l'équité[3] et de la douceur. On massacra autrefois une douzaine de millions de vous autres Américains ; mais c'était pour rendre les autres raisonnables. Un calculateur a vérifié que depuis une certaine guerre de Troie, que vous ne connaissez pas, jusqu'à celle de l'Acadie[4], que vous connaissez, on a tué au moins, en batailles rangées, cinq cent cinquante-cinq millions six cent

---

1. Par degrés : par étapes.

2. Allusion à la théorie optimiste du philosophe Leibniz (1646-1716) pour qui tout est bien dans le meilleur des mondes possibles, et que Voltaire combat aussi violemment qu'ironiquement dans *Candide* (1759).

3. Équité : droiture, justice.

4. Acadie : pays du Canada (à l'est de la province du Québec), théâtre d'incessants conflits entre l'Angleterre et la France, et qui cessa d'être sous tutelle française lors de la signature du traité de Paris (1763).

cinquante mille hommes, sans compter les petits enfants et les femmes écrasés dans des villes mises en cendres ; mais c'est pour le bien public ; quatre ou cinq mille maladies cruelles, auxquelles les hommes sont sujets, font connaître le prix de la santé ; et les crimes dont la terre est couverte relèvent merveilleusement le mérite des hommes pieux, du nombre desquels je suis. Vous voyez que tout cela va le mieux du monde, du moins pour moi.

Or les choses ne pourraient être dans cette perfection si l'âme n'était pas dans la glande pinéale. Car… Mais allons pied à pied ; quelle idée avez-vous des lois, et du juste et de l'injuste, et du beau, et du *kó kalón*[1], comme dit Platon ?

LE SAUVAGE. – Mais, monsieur, en allant pied à pied, vous me parlez de cent choses à la fois.

LE BACHELIER. – On ne parle pas autrement en conversation[2]. Çà, dites-moi, qui a fait les lois dans votre pays ?

LE SAUVAGE. – L'intérêt public.

LE BACHELIER. – Ce mot dit beaucoup ; nous n'en connaissons pas de plus énergique : comment l'entendez-vous, s'il vous plaît ?

LE SAUVAGE. – J'entends que ceux qui avaient des cocotiers et du maïs ont défendu aux autres d'y toucher, et que ceux qui n'en avaient point ont été obligés de travailler pour avoir

1. ***Kó kalón*** : mot grec désignant le Beau absolu, notion que Platon (vers 428-vers 348 avant notre ère) développe dans plusieurs de ses textes (*Hippias majeur* ou *Le Banquet*) par exemple. La satire de Voltaire fait ici coup double : la question du Bachelier est stupide (comme si le Sauvage pouvait avoir lu Platon !) et elle est un coup de griffe contre Platon, dont Voltaire n'aimait guère les abstractions invérifiables. Qu'est-ce en effet que le Beau absolu ?

2. Ce détail en apparence anodin ajoute au ridicule du Bachelier. Le philosophe grec Aristote avait en effet l'habitude d'enseigner en se promenant. Le Bachelier marche lui aussi, comme s'il se prenait pour Aristote !

le droit d'en manger une partie ; tout ce que j'ai vu dans notre pays et dans le vôtre m'apprend qu'il n'y a pas d'autre esprit des lois[1].

LE BACHELIER. – Mais les femmes, monsieur le Sauvage, les femmes ?

LE SAUVAGE. – Eh bien ! les femmes ? elles me plaisent beaucoup quand elles sont belles et douces. Elles sont fort supérieures à nos cocotiers ; c'est un fruit où nous ne voulons pas que les autres touchent : on n'a pas plus le droit de me prendre ma femme que de me prendre mon enfant. Il y a, dit-on, des peuples qui le trouvent bon : ils sont bien les maîtres ; chacun fait de son bien ce qu'il veut.

LE BACHELIER. – Mais les successions, les partages, les hoirs, les collatéraux[2] ?

LE SAUVAGE. – Il faut bien succéder. Je ne peux plus posséder mon champ quand on m'y a enterré : je le laisse à mon fils ; si j'en ai deux, ils le partagent. J'apprends que parmi vous autres, en beaucoup d'endroits, vos lois laissent tout à l'aîné, et rien aux cadets : c'est l'intérêt qui a dicté cette loi bizarre ; apparemment les aînés l'ont faite, ou les pères ont voulu que les aînés dominassent.

LE BACHELIER. – Quelles sont, à votre avis, les meilleures lois ?

LE SAUVAGE. – Celles où l'on a le plus consulté l'intérêt de tous les hommes mes semblables.

LE BACHELIER. – Et où trouve-t-on de pareilles lois ?

LE SAUVAGE. – Nulle part, à ce que j'ai ouï dire.

---

1. Esprit des lois : la formule fait référence à l'ouvrage de Montesquieu (1695-1755), *De l'esprit des lois* (1741).

2. Hoirs : héritiers ; **collatéraux** : membres d'une même famille descendant d'un auteur commun sans descendre les uns des autres (par exemple, les cousins et cousines).

LE BACHELIER. – Il faut que vous me disiez d'où sont venus chez vous les hommes. Qui croit-on qui ait peuplé l'Amérique ?

LE SAUVAGE. – Mais nous croyons que c'est Dieu qui l'a peuplée.

LE BACHELIER. – Ce n'est pas répondre. Je vous demande de quel pays sont venus vos premiers hommes ?

LE SAUVAGE. – Du pays d'où sont venus nos premiers arbres. Vous me paraissez plaisants, vous autres messieurs les habitants de l'Europe, de prétendre que nous ne pouvons rien avoir sans vous : nous sommes tout autant en droit de croire que nous sommes vos pères, que vous de vous imaginer que vous êtes les nôtres.

LE BACHELIER. – Voilà un Sauvage bien têtu !

LE SAUVAGE. – Voilà un Bachelier bien bavard !

LE BACHELIER. – Holà, hé ! monsieur le Sauvage, encore un petit mot ; croyez-vous dans la Guyane qu'il faille tuer les gens qui ne sont pas de votre avis ?

LE SAUVAGE. – Oui, pourvu qu'on les mange.

LE BACHELIER. – Vous faites le plaisant. Et la Constitution[1], qu'en pensez-vous ?

LE SAUVAGE. – Adieu.

---

1. La Constitution : nom donné à la bulle (texte très officiel) *Unigenitus* (1713) du pape Clément XI, portant condamnation du jansénisme.

Entretiens entre un Sauvage et un Bachelier
Second entretien

Portrait d'un philosophe stupide

1

Quels sont les principaux thèmes abordés dans ce Second entretien ?

• Un **premier thème** traite de l'**influence de l'état de notre organisme** (en plus ou moins bonne santé) sur l'activité mentale et intellectuelle.
• Un **deuxième thème** a pour sujet l'**action de la Providence** : est-elle ou non bienfaisante et parfaite ? C'est une critique de la philosophie optimiste de Leibniz, selon qui « tout est pour le mieux dans le meilleur des mondes possibles », que Voltaire dénonçait dans *Candide*.
• Un **troisième thème** évoque l'« **intérêt public** », c'est-à-dire la manière dont doit s'organiser la société, notamment dans les affaires de justice et d'héritage.

2

En quoi les raisonnements du Bachelier sont-ils faussement logiques ?

• Le Bachelier **répond toujours à côté** des questions du Sauvage. Il recourt ainsi à la métaphysique (la place de l'âme) pour expliquer les effets d'une indigestion !
• Ses raisonnements sont en outre **intrinsèquement absurdes.** Le Bachelier dit parfois tout et son contraire. Par exemple : « l'âme ne peut éprouver aucun changement, cela fait qu'elle change ».
• Le Bachelier **passe** enfin **du coq-à-l'âne**, allant sans transition et sans motif d'un sujet à un autre. Le Sauvage, d'ailleurs, s'en plaint.

3

Qui, du Sauvage ou du Bachelier, est le plus philosophe ?

• C'est sans conteste le Sauvage, dont la philosophie de l'existence est **fondée sur le bon sens, la recherche du plaisir et du bonheur**.
• Preuve en est le mouvement interne de l'entretien : c'est le Sauvage qui, progressivement, prend l'initiative en répondant aux questions que le Bachelier lui pose.
• Ce renversement des rôles produit un **effet comique**, comme le prouvent en outre la naïveté et le sens de la repartie du Sauvage.

DÉFINITION CLÉ

Qu'est-ce que le comique ?

Le comique est le plus souvent fondé sur la **notion d'écart** : entre ce que fait ou dit un personnage et les coutumes ou les habitudes qui prévalent dans la situation (sociale, personnelle, historique...) dans laquelle il se trouve. Il est ainsi plaisant d'entendre un Sauvage évoquer « l'esprit des lois », titre d'un livre de Montesquieu.

Un Plaideur et un Avocat (1751)

LE PLAIDEUR. – Eh bien ! monsieur, le procès de ces pauvres[1] orphelins ?

L'AVOCAT. – Comment il n'y a que dix-huit ans que leur bien est aux saisies réelles[2] ; on n'a mangé encore en frais de justice que le tiers de leur fortune : et vous vous plaignez !

LE PLAIDEUR. – Je ne me plains point de cette bagatelle. Je connais l'usage ; je le respecte : mais pourquoi, depuis trois mois que vous demandez audience, n'avez-vous pu l'obtenir qu'aujourd'hui ?

L'AVOCAT. – C'est que vous ne l'avez pas demandée vous-même pour vos pupilles[3]. Il fallait aller plusieurs fois chez votre juge pour le supplier de vous juger.

LE PLAIDEUR. – Son devoir est de rendre justice sans qu'on l'en prie. Il est bien grand[4] de décider des fortunes des hommes sur son tribunal ; il est bien petit de vouloir avoir des malheureux dans son antichambre. Je ne vais point à l'audience[5] de mon curé le prier de chanter sa grand'messe ;

---

1. Pauvres : au sens ici de « malheureux » et non de « miséreux ».

2. Saisies réelles : procédure juridique d'exécution forcée, par laquelle un créancier fait mettre (« saisir ») les biens de son débiteur entre les mains de la justice (d'un huissier).

3. Pupilles : orphelins mineurs sous la tutelle d'un tiers (d'un oncle par exemple ou de toute personne désignée par un juge).

4. Grand : de grande importance.

5. Audience : le fait de recevoir quelqu'un pour l'écouter ; le mot est plaisant quand il s'agit d'un fidèle voulant parler au curé de sa paroisse.

pourquoi faut-il que j'aille supplier mon juge de remplir les fonctions de sa charge ? Enfin donc, après tant de délais, nous allons être jugés aujourd'hui ?

L'AVOCAT. – Oui ; et il y a grande apparence que vous gagnerez un chef[1] de votre procès ; car vous avez pour vous un article décisif dans Charondas[2].

LE PLAIDEUR. – Ce Charondas est apparemment quelque chancelier[3] de nos premiers rois qui fit une loi en faveur des orphelins ?

L'AVOCAT. – Point du tout ; c'est un particulier qui a dit son avis dans un gros livre qu'on ne lit point : mais un avocat le cite, les juges le croient, et on gagne sa cause.

LE PLAIDEUR. – Quoi ! l'opinion d'un Charondas tient lieu de loi ?

L'AVOCAT. – Ce qu'il y a de triste, c'est que vous avez contre vous Turnet et Brodeau[4].

LE PLAIDEUR. – Autres législateurs de la même force, sans doute ?

L'AVOCAT. – Oui. Le droit romain[5] n'ayant pu être suffisamment expliqué dans le cas dont il s'agit, on se partage en plusieurs opinions différentes.

LE PLAIDEUR. – Que parlez-vous ici du droit romain ? est-ce que nous vivons sous Justinien ou sous Théodose[6] ?

---

1. **Un chef dans votre procès** : élément dans votre action en justice.

2. **Charondas** : Louis Le Caron, dit Charondas, avocat et lieutenant général au bailliage de Clermont en Beauvaisis (1536-1671), auteur des *Pandectes du droit français*.

3. **Chancelier** : celui qui a la garde et la disposition du sceau officiel du roi.

4. **Turnet** : jurisconsulte (spécialiste du droit) de la fin du XVe siècle ; **Brodeau** : il a existé deux Brodeau : Victor Brodeau, secrétaire et valet de chambre du roi François Ier, auteur de poésies, mort en 1640 ; et son fils, Julien (1585-1653), avocat et jurisconsulte, auteur notamment d'un *Nouveau Coutumier général*.

5. **Droit romain** : le droit issu des codes romains (voir la note suivante).

6. **Justinien** (482- 565) : empereur romain d'Orient (de 527 à 565), qui fit élaborer un important code juridique (appelé pour cette raison le Code justinien) ; **Théodose** : il s'agit de Théodose II, empereur romain d'Orient (de 408 à 450), qui fit lui aussi élaborer un code.

L'AVOCAT. – Non pas ; mais nos ancêtres aimaient beaucoup la chasse et les tournois, ils couraient dans la Terre sainte[1] avec leurs maîtresses : vous voyez bien que de si importantes occupations ne leur laissaient pas le temps d'établir une jurisprudence universelle.

LE PLAIDEUR. – Ah ! j'entends[2] ; vous n'avez point de lois, et vous allez demander à Justinien et à Charondas ce qu'il faut faire quand il y a un héritage à partager.

L'AVOCAT. – Vous vous trompez ; nous avons plus de lois que toute l'Europe ensemble ; presque chaque ville a la sienne[3].

LE PLAIDEUR. – Oh ! oh ! voici bien une autre merveille !

L'AVOCAT. – Ah ! si vos pupilles étaient nés à Guignes-la-Putain[4], au lieu d'être natifs de Melun[5] près Corbeil !

LE PLAIDEUR. – Eh bien ! qu'arriverait-il alors ?

L'AVOCAT. – Vous gagneriez votre procès haut la main ; car Guignes-la-Putain se trouve située dans une coutume[6] qui vous est tout à fait favorable ; mais à deux lieues de là c'est tout autre chose.

LE PLAIDEUR. – Mais Guignes et Melun ne sont-ils pas en France ? et n'est-ce pas une chose absurde et affreuse que ce qui est vrai dans un village se trouve faux dans un autre ?

1. **Terre sainte** : la Palestine.

2. **J'entends** : je comprends.

3. À l'époque, le droit n'était pas unifié : chaque province avait son code, chaque ville, voire chaque village pouvait avoir ses « coutumes » (ses habitudes juridiques). Voltaire en dénombrait jusqu'à 300 !

4. **Guignes la Putain** : il s'agit de la commune de Guignes (en Seine-et-Marne) qui reçut le qualificatif de « la Putain » parce que la garnison de son château s'était rendue sans combattre durant la guerre de Cent Ans.

5. **Melun** : ville de l'actuel département de Seine-et-Marne. La « coutume » de Melun était alors célèbre.

6. **Coutume** : tradition ayant valeur juridique, de par son ancienneté, sur un lieu déterminé.

Par quelle étrange barbarie se peut-il que des compatriotes ne vivent pas sous la même loi ?

L'Avocat. – C'est qu'autrefois les habitants de Guignes et ceux de Melun n'étaient pas compatriotes. Ces deux belles villes faisaient, dans le bon temps, deux empires séparés ; et l'auguste souverain de Guignes, quoique serviteur du roi de France, donnait des lois à ses sujets ; ces lois dépendaient de la volonté de son maître d'hôtel, qui ne savait pas lire, et leur tradition respectable s'est transmise aux Guignois de père en fils ; de sorte que, la race des barons de Guignes étant éteinte pour le malheur du genre humain, la manière de penser de leurs premiers valets subsiste encore et tient lieu de loi fondamentale. Il en est ainsi de poste[1] en poste dans le royaume ; vous changez de jurisprudence[2] en changeant de chevaux. Jugez où en est un pauvre avocat quand il doit plaider, par exemple, pour un Poitevin contre un Auvergnat.

Le Plaideur. – Mais les Poitevins, les Auvergnats, et messieurs de Guignes ne s'habillent-ils pas de la même façon ? est-il plus difficile d'avoir les mêmes lois que les mêmes habits ? et puisque les tailleurs et les cordonniers s'accordent d'un bout du royaume à l'autre, pourquoi les juges n'en font-ils pas autant ?

L'Avocat. – Ce que vous demandez est aussi impossible que de n'avoir qu'un poids et qu'une mesure. Comment voulez-vous que la loi soit partout la même, quand la pinte[3] ne l'est

1. Poste : relais de chevaux placés sur une route de distance en distance pour assurer le transport des voyageurs et du courrier.

2. Vous changez de jurisprudence : vous changez de circonscription juridique et, donc, de tradition juridique.

3. Pinte : ancienne mesure de capacité pour les liquides, équivalant à environ 0,93 litre.

pas ? Pour moi, après avoir profondément rêvé, j'ai trouvé que, comme la mesure de Paris n'est point la mesure de Saint-Denis, il faut nécessairement que les têtes ne soient pas faites à Paris comme à Saint-Denis[1]. La nature se varie à l'infini ; et il ne faut pas essayer de rendre uniforme ce qu'elle a rendu si différent.

Le Plaideur. – Mais il me semble qu'en Angleterre il n'y a qu'une loi et qu'une mesure.

L'Avocat. – Ne voyez-vous pas que les Anglais sont des barbares ? Ils ont la même mesure, mais ils ont en récompense vingt religions différentes.

Le Plaideur. – Vous me dites là une chose qui m'étonne. Quoi ! des peuples qui vivent sous les mêmes lois ne vivent pas sous la même religion ?

L'Avocat. – Non, et cela seul prouve évidemment qu'ils sont abandonnés à leur sens réprouvé[2].

Le Plaideur. – Cela ne viendrait-il pas aussi de ce qu'ils ont cru les lois faites pour l'extérieur des hommes, et la religion pour l'intérieur ? Peut-être que les Anglais et d'autres peuples ont pensé que l'observation des lois était d'homme à homme, et que la religion était de l'homme à Dieu[3]. Je sens que je n'aurais point à me plaindre d'un anabaptiste[4] qui se ferait baptiser à trente ans ; mais je trouverais fort mauvais

1. **Saint-Denis** : ville de la banlieue de Paris, dans la basilique de laquelle sont enterrés les rois de France.

2. **Sens réprouvé** : erreur et mauvais raisonnement.

3. C'est là un point essentiel pour Voltaire. La législation a besoin d'unité, d'être la même sur tout le territoire tandis que la religion doit tolérer la diversité des opinions. La justice et la paix civile dépendent à ses yeux de ces deux critères.

4. **Anabaptiste** : adepte d'un mouvement religieux issu de la Réforme, qui n'admet pas le baptême des jeunes enfants (ce que fait l'Église catholique) et qui procède à un second baptême dès que l'enfant a atteint l'âge de raison.

qu'il ne payât pas une lettre de change[1]. Ceux qui pèchent uniquement contre Dieu doivent être punis dans l'autre monde; ceux qui pèchent contre les hommes doivent être châtiés dans celui-ci.

L'Avocat. – Je n'entends rien[2] à tout cela. Je vais plaider votre cause.

Le Plaideur. – Dieu veuille que vous l'entendiez davantage!

2. Lettre de change : billet à ordre par lequel un débiteur demande à une banque de payer au bénéficiaire de la lettre de change une certaine somme à une date déterminée.

3. Je n'entends rien : je ne comprends rien.

Un Plaideur et un Avocat

Une satire implacable de la justice

1

Quelle est l'affaire dont se préoccupe le Plaideur ?

- Son objet : **une succession** ; deux orphelins mineurs et pour cette raison confiés en tutelle au Plaideur doivent hériter de leurs parents défunts.
- Cette succession est entre les mains de la justice depuis « dix-huit ans ».
- Ce jour doit être fixée la date de l'audience, après « trois mois » passés à la solliciter.
- Remarque : les personnages n'ont pas d'identité propre ; ils sont désignés par leur état ou fonction. On ne connaît pas davantage les liens de parenté qui existent ou peuvent exister entre le Plaideur et les deux orphelins. **Cette absence d'informations concentre l'intérêt sur les seuls dysfonctionnements de la justice.**

2

Quels griefs la satire accumule-t-elle contre la justice ?

- L'**interminable durée** des affaires de justice : il faut 18 ans et trois mois pour arriver à fixer la date, non pas du jugement, mais de l'audience !
- Le **coût exorbitant** des frais de justice : le tiers de l'héritage est déjà dépensé en frais divers.
- La **multiplicité des codes juridiques**, dont les auteurs ne possédaient le plus souvent aucune compétence juridique.
- Enfin, l'**incompétence des juges**.

3

De quelle façon le dialogue progresse-t-il ?

- **Stylistiquement**, par un jeu **de questions et de réponses.** Selon un procédé cher à Voltaire, un **renversement** s'opère progressivement dans la conduite du dialogue : l'incompétent (ou l'ignorant) finit par l'emporter sur l'expert (l'Avocat).
- **Littérairement**, par la **férocité de la charge contre la justice** : le comique de l'absurde s'impose là aussi progressivement, concernant par exemple les différences de coutumes entre Guignes et Melun, ou encore le mépris que l'Avocat manifeste envers l'Angleterre. C'est rationnellement incompréhensible.

DÉFINITION CLÉ

Qu'est-ce qu'un renversement de situation ?

Le renversement de situation correspond à une **inversion des données initiales** d'une scène ou d'un épisode. Le rapport de force devient alors le contraire de ce qu'il était originellement. Par exemple : le questionneur qui devient ici le questionné. C'est l'une des formes, mais non la seule, du coup de théâtre.

Dialogue entre madame de Maintenon[1] et mademoiselle de Lenclos[2] (1751)

MADAME DE MAINTENON. – Oui, je vous ai priée de venir me voir en secret. Vous pensez peut-être que c'est pour jouir à vos yeux de ma grandeur ? Non, c'est pour trouver en vous des consolations.

MADEMOISELLE DE LENCLOS. – Des consolations, madame ! Je vous avoue que, n'ayant point eu de vos nouvelles depuis votre grande fortune[3], je vous ai crue heureuse.

MADAME DE MAINTENON. – J'ai la réputation de l'être. Il y a des âmes pour qui c'en est assez : la mienne n'est pas de cette trempe : je vous ai toujours regrettée.

MADEMOISELLE DE LENCLOS. – J'entends[4]. Vous sentez dans la grandeur le besoin de l'amitié ; et moi, qui vis pour l'amitié, je n'ai jamais eu besoin de la grandeur ; mais pourquoi donc m'avez-vous oubliée si longtemps ?

---

1. Madame de Maintenon : Françoise d'Aubigné, marquise de Maintenon (1635-1719). De petite noblesse, Françoise d'Aubigné fut d'abord l'épouse du poète Paul Scarron, puis la maîtresse et enfin l'épouse de Louis XIV (après la mort de la reine Marie-Thérèse d'Autriche en 1683). Très pieuse, elle donna un air austère à la cour.

2. Mademoiselle de Lenclos : belle, cultivée, libertine, Ninon de Lenclos (1616-1706) multiplia les amants jusque tard dans sa vie. Elle n'en était pas moins appréciée de madame de Maintenon, qu'elle avait connue dans sa jeunesse.

3. Grande fortune : rang social élevé.

4. J'entends : je comprends.

Madame de Maintenon. – Vous sentez[1] qu'il a fallu paraître vous oublier. Croyez que parmi les malheurs attachés à mon élévation je compte surtout cette contrainte.

Mademoiselle de Lenclos. – Pour moi, je n'ai oublié ni mes premiers plaisirs ni mes anciens amis. Mais si vous êtes malheureuse comme vous le dites, vous trompez bien toute la terre qui vous envie.

Madame de Maintenon. – Je me suis trompée la première. Si, lorsque nous soupions autrefois ensemble avec Villarceaux[2] et Nantouillet[3] dans votre petite rue des Tournelles[4], lorsque la médiocrité de notre fortune[5] était à peine pour nous un sujet de réflexion, quelqu'un m'avait dit: Vous approcherez un jour du trône; le plus puissant monarque du monde[6] n'aura de confiance qu'en vous; toutes les grâces passeront par vos mains; vous serez regardée comme une souveraine; si, dis-je, on m'avait fait de telles prédictions, j'aurais dit: Leur accomplissement doit faire mourir d'étonnement et de joie. Tout s'est accompli, j'ai éprouvé de la surprise dans les premiers moments; j'ai espéré la joie, et ne l'ai point trouvée.

Mademoiselle de Lenclos. – Les philosophes pourront vous croire; mais le public aura bien de la peine à se figurer que vous ne soyez pas contente et s'il pensait que vous ne l'êtes pas, il vous blâmerait.

1. **Vous sentez**: vous comprenez bien.

2. **Villarceaux**: Louis de Mornay, marquis de Villarceaux (1619-11691), fut un temps l'amant de la future madame de Maintenon, quand elle n'était encore que madame Scarron.

3. **Nantouillet**: Louis Antoine du Prat, marquis de Nantouillet, mort en 1681.

4. **Rue des Tournelles**: rue de Paris (dans le quartier du Marais), où habitait Ninon de Lenclos.

5. **Médiocrité de notre fortune**: petitesse de notre condition sociale.

6. **Le plus puissant monarque du monde**: Louis XIV (1638-1715).

MADAME DE MAINTENON. – Il faut bien qu'il se trompe comme moi. Ce monde-ci est un vaste amphithéâtre où chacun est placé au hasard sur son gradin. On croit que la suprême félicité[1] est dans les degrés d'en haut : quelle erreur !

MADEMOISELLE DE LENCLOS. – Je crois que cette erreur est nécessaire aux hommes ; ils ne se donneraient pas la peine de s'élever, s'ils ne pensaient que le bonheur est placé fort au-dessus d'eux. Nous connaissons toutes deux des plaisirs moins remplis d'illusions. Mais, de grâce, comment vous y êtes-vous prise pour être si malheureuse sur votre gradin ?

MADAME DE MAINTENON. – Ah ! ma chère Ninon, depuis le temps que je ne vous ai plus appelée que mademoiselle de Lenclos, j'ai commencé à n'être plus si heureuse. Il faut que je sois prude[2] ; c'est tout vous dire. Mon cœur est vide ; mon esprit est contraint : je joue le premier personnage de France, mais ce n'est qu'un personnage. Je ne vis que d'une vie empruntée. Ah ! si vous saviez ce que c'est que le fardeau imposé à une âme languissante de ranimer une autre âme, d'amuser un esprit qui n'est plus amusable !

MADEMOISELLE DE LENCLOS. – Je conçois toute la tristesse de votre situation. Je crains de vous insulter en réfléchissant que Ninon est plus heureuse à Paris dans sa petite maison avec l'abbé de Châteauneuf[3] et quelques amis, que vous à Versailles auprès de l'homme de l'Europe le plus respectable, qui met toute sa cour à vos pieds. Je crains de vous étaler la supériorité de mon état. Je sais qu'il ne faut pas trop goûter sa félicité en

1. Félicité : bonheur extrême.

2. Prude : femme affectant une vertu excessive.

3. Abbé de Châteauneuf : selon la tradition, dernier amant de Ninon de Lenclos.

présence des malheureux. Tâchez, madame, de prendre votre grandeur en patience; tâchez d'oublier l'obscurité voluptueuse où nous vivions toutes deux autrefois, comme vous avez été forcée d'oublier ici vos anciennes amies. Le seul remède dans votre état douloureux, c'est de ne dire jamais:

Félicité passée,
Qui ne peut revenir,
Tourment de ma pensée,
Que n'ai-je, en te perdant, perdu le souvenir !
J. Bertaut, évêque de Séez[1].

Buvez du fleuve Léthé[2], consolez-vous surtout en jetant les yeux sur tant de reines qui s'ennuient.

Madame de Maintenon. – Ah! Ninon, peut-on se consoler seule? J'ai une proposition à vous faire, mais je n'ose.

Mademoiselle de Lenclos. – Madame, franchement, c'est à vous à être timide; mais osez.

Madame de Maintenon. – Ce serait de troquer, du moins en apparence, votre philosophie contre de la pruderie, de vous faire femme respectable. Je vous logerais à Versailles, vous seriez mon amie plus que jamais; vous m'aideriez à supporter mon état.

Mademoiselle de Lenclos. – Je vous aime toujours, madame; mais je vous avouerai que je m'aime davantage. Il n'y a pas moyen que je me fasse hypocrite et malheureuse, parce que la fortune vous a maltraitée.

---

1. **Jean Bertaut** (1552-1611): poète puis évêque de Séez (localité du département de Savoie).

2. **Le Léthé**: fleuve des Enfers dans la mythologie grecque. Les âmes des morts qui buvaient de ses eaux oubliaient tout de leur existence antérieure.

Madame de Maintenon. – Ah ! cruelle Ninon ! vous avez le cœur plus dur qu'on ne l'a même à la cour. Vous m'abandonnez impitoyablement.

Mademoiselle de Lenclos. – Non, je suis toujours sensible. Vous m'attendrissez ; et pour vous prouver que j'ai toujours le même goût pour vous, je vous offre tout ce que je puis ; quittez Versailles, venez vivre avec moi dans la rue des Tournelles.

Madame de Maintenon. – Vous me percez le cœur. Je ne puis être heureuse auprès du trône, et je ne pourrais l'être au Marais[1]. Voilà le funeste effet de la cour.

Mademoiselle de Lenclos. – Je n'ai point de remède pour une maladie incurable. Je consulterai sur votre mal avec les philosophes qui viennent chez moi ; mais je ne vous promets pas qu'ils fassent l'impossible.

Madame de Maintenon. – Quoi ! se voir au faîte de la grandeur, être adorée, et ne pouvoir être heureuse !

Mademoiselle de Lenclos. – Écoutez, il y a peut-être ici du malentendu. Vous vous croyez malheureuse uniquement par votre grandeur. Le mal ne viendrait-il pas aussi de ce que vous n'avez plus ni les yeux si beaux, ni l'estomac si bon, ni les désirs si vifs qu'autrefois ? Perdre sa jeunesse, sa beauté, ses passions, c'est là le vrai malheur. Voilà pourquoi tant de femmes se font dévotes[2] à cinquante ans, et se sauvent d'un ennui par un autre.

Madame de Maintenon. – Mais vous êtes plus âgée que moi, et vous n'êtes ni malheureuse ni dévote.

1. Marais : quartier aristocratique de Paris

2. Dévotes : très pieuses.

MADEMOISELLE DE LENCLOS. – Expliquons-nous. Il ne faut pas à notre âge s'imaginer qu'on puisse jouir d'une félicité complète. Il faut une âme bien vive, et cinq sens bien parfaits pour goûter cette espèce de bonheur-là. Mais avec des amis de la liberté et de la philosophie, on est aussi bien que notre âge le comporte. L'âme n'est mal que quand elle est hors de sa sphère. Croyez-moi, venez vivre avec mes philosophes.

MADAME DE MAINTENON. – Voici deux ministres qui viennent. Cela est bien loin des philosophes. Adieu donc, chère Ninon.

MADEMOISELLE DE LENCLOS. – Adieu, auguste infortunée[1].

1. **Auguste infortunée** : respectable malheureuse.

Qu'est-ce que le bonheur ?

1 Quelle est la situation de dialogue ?

- Les deux interlocutrices ont été dans leur jeunesse des **amies proches** et ont mené une **vie joyeuse et libertine**.
- Elles occupent, au moment de leur entretien, des **positions sociales fort différentes** : épouse du roi Louis XIV, Mme de Maintenon est au faîte de la grandeur ; Ninon de Lenclos mène une existence mondaine, éloignée de la cour.
- Leurs **réputations** sont à l'**opposé l'une de l'autre** : Mme de Maintenon est austère et prude ; Ninon de Lenclos est connue pour avoir eu de nombreux amants.
- Ces différences expliquent que leur entretien ait lieu à Versailles « **en secret** ».

2 Quels sont les retournements de situation ?

- Le **premier retournement** tient à l'objet même de l'entretien : c'est la plus comblée qui demande à être « consolée » par la moins comblée (par rapport à elle).
- **Deuxième retournement de situation** : Ninon de Lenclos décline la proposition de Mme de Maintenon de vivre à la cour – ce que peu auraient refusé. Inversement, Mme de Maintenon refuse de quitter la cour pour aller vivre rue des Tournelles.
- **Troisième et dernier retournement** : c'est moins de sa « grandeur » dont souffre Mme de Maintenon, comme elle le croit, que des effets de l'âge.

3 En quoi ce dialogue est-il propre à l'esprit des Lumières ?

- Par la **recherche de la sagesse et d'un art de vivre** : la leçon que Ninon de Lenclos donne à Mme de Maintenon est d'accepter de vieillir, même si c'est difficile, et de vivre malgré tout le plus sereinement possible.
- Cette sagesse, d'origine épicurienne, consiste à ne cultiver aucune nostalgie du passé et à ne pas passer d'un extrême à l'autre : par exemple du libertinage à la pruderie.
- **L'éloge et la fréquentation des « amis de la liberté et de la philosophie »** placent ce dialogue sous le signe des Lumières.

•••

DÉFINITION CLÉ

Qu'est-ce qu'une situation de dialogue ?

• Que ce soit dans une pièce de théâtre ou dans un récit (et même dans la vie réelle), on ne dit pas n'importe quoi devant n'importe qui et n'importe où.

• Préciser le **cadre** (heure, lieu…) d'un dialogue, son origine et ses raisons ; déterminer quels sont les **interlocuteurs** en présence, quel **rapport** (de force, d'amitié, de domination, d'infériorité…) les unit ou les oppose : telles sont les principales caractéristiques d'une situation de dialogue.

Anthologie sur

les valeurs des Lumières

Les « Lumières » sont celles que procure la raison, et la raison seule. Elles naissent des sciences qui connaissent un essor considérable, amorcé dès la fin du XVIIe siècle et qui va s'épanouissant tout au long du XVIIIe siècle (et, naturellement, bien au-delà) : en astronomie, en médecine, en mathématiques, en optique, en biologie, en physique, en botanique… La curiosité intellectuelle en est stimulée, ainsi que l'esprit critique. « Dictionnaire raisonné des sciences, des arts et des métiers », comme l'indique son sous-titre, l'*Encyclopédie* (1751-1772), dont Diderot sera l'infatigable cheville ouvrière, symbolise ce désir de « tout examiner », de faire le tri entre le certain – la vérité dûment établie – et l'incertain – l'indémontrable, l'invérifiable.

Ces découvertes scientifiques rendent progressivement le monde compréhensible (ce qui ne signifie pas qu'il l'est immédiatement et dans sa globalité). Compréhensible, il en devient par conséquent améliorable : les Lumières ne dissocient pas raison et progrès. L'homme se découvre acteur de son propre devenir.

Cette véritable révolution scientifique engendre une révolution idéologique, l'une finissant par nourrir l'autre. La recherche constante de la vérité conduit à contester la tradition, les préjugés, les superstitions, tous les modes de penser qui n'ont pas d'autre justification que l'ancienneté, l'habitude ou le principe d'autorité. C'est le combat contre l'ignorance.

Aucun domaine n'échappe à cet examen critique, qui aboutit à des remises en cause radicales. En politique, la monarchie absolue, censée avoir été établie par Dieu, en est profondément ébranlée puis abolie le 21 septembre 1792. Les privilèges apparaissent pour ce qu'ils sont : une injustice au bénéfice d'une caste, soucieuse de protéger ses intérêts. Dans le domaine religieux, l'Église catholique, soutien longtemps tout-puissant de la monarchie, voit son influence combattue et ses dogmes attaqués.

Sur cet ordre ancien qui vacille, de nouvelles valeurs apparaissent et se répandent dans une bonne partie de l'Europe, sous le nom d'*Aufklärung* en Allemagne ou d'*Enlightment* en Angleterre. Élaborées aussi bien par des scientifiques que par des philosophes, elles se répandent par l'écrit, par des conférences, par des discussions et débats dans les salons et les cafés. Ces valeurs nouvelles sont celles de la liberté de penser, de la tolérance, du droit à l'éducation, du bien public, de la démocratie... Elles influenceront les Constituants de 1789, les grandes réformes de la IIIe République (1871-1940) et au-delà. Elles sont à l'origine de notre mode de vie, même si nous n'en sommes pas toujours conscients. En voici la genèse et leur formulation en ce XVIIIe siècle, qui fut leur berceau. Une première section traitera des libertés fondamentales ; une deuxième, de l'éducation et du droit à celle-ci ; la troisième, du respect de la dignité d'autrui ; la quatrième et dernière, des fondements de la république.

■ Les libertés fondamentales

Ces libertés sont dites « fondamentales » parce qu'elles sont à l'origine de toutes les autres : il s'agit de la liberté de penser, de la liberté de conscience et de la liberté de la presse et de l'édition. Aucune d'elles n'est née comme par miracle.

La liberté de penser

Longtemps la vérité a été censée émaner de Dieu, créateur et ordonnateur de l'univers. La pensée ne pouvait, ne devait se développer qu'à l'intérieur de ce cadre. Quiconque en sortait pouvait subir les pires châtiments. L'athéisme ou l'hérésie étaient encore, au XVIIIe siècle, un crime passible de la justice. Avec les progrès du rationalisme, scientifiques et philosophes font éclater ce cadre traditionnel de penser – comme Pierre Bayle (1647-1706), dans ses *Pensées diverses sur la comète* (1682), ou le savant Fontenelle

(1657-1757), dans son *Histoire des oracles* (1687), qui dénonce les invraisemblances des dogmes religieux.

Texte 1

ARTICLE DE DICTIONNAIRE

Article « Raison », *Encyclopédie* (1751-1772), auteur anonyme (Diderot ?)

*Les rédacteurs de l'*Encyclopédie *vont encore plus loin : ils subordonnent la pensée religieuse (ce qu'ils appellent la « révélation divine ») à la pensée rationnelle, même quand celle-ci s'accorde avec celle-là. Cette suprématie de la raison sur la foi, du savoir sur la croyance, fonde la liberté de penser. C'est la source même des Lumières.*

Nulle proposition[1] ne peut être reçue pour révélation divine[2], si elle est contradictoirement opposée à ce qui nous est connu, ou par une intuition immédiate, telles que sont les propositions évidentes par elles-mêmes, ou par des déductions évidentes de la raison, comme dans les démonstrations ; parce que l'évidence qui nous fait adopter de telles révélations ne pouvant surpasser la certitude de nos connaissances, tant intuitives que démonstratives, si tant est qu'elle puisse l'égaler, il serait ridicule de lui donner la préférence. [...] Par conséquent, dans toutes les choses dont nous avons une idée nette et distincte, la raison est le vrai juge compétent ; et quoique la révélation en s'accordant avec elle puisse confirmer ces décisions, elle ne saurait pourtant dans de tels cas invalider[3] ses décrets ; et partout où nous avons une décision claire et évidente de la raison, nous ne pouvons être obligés d'y renoncer pour embrasser l'opinion contraire, sous prétexte que c'est en matière de foi. La raison de cela, c'est que nous sommes hommes avant que d'être chrétiens.

---

1. Proposition : idée, concept ou théorie.

2. Révélation divine : ce qui est présenté comme émanant directement de Dieu, qui *se révèle* alors aux hommes, par un prophète ou un livre sacré.

3. Invalider : déclarer nuls.

La liberté de conscience

Cette liberté de penser implique celle de croire ou de ne pas croire. À une époque où la liberté de conscience ne va pas de soi et où la notion de laïcité est encore totalement inconnue, les partisans des Lumières plaident en faveur d'une tolérance la plus large possible. C'est le grand combat du XVIIIe siècle : en 1685 Louis XIV a révoqué l'édit de Nantes de 1598, par lequel Henri IV accordait aux protestants la liberté de pratiquer leur culte. Depuis cette révocation, ceux-ci sont persécutés et contraints de se convertir au catholicisme. Beaucoup d'entre eux choisiront de s'exiler en Hollande.

Texte 2

ESSAI PHILOSOPHIQUE

PIERRE BAYLE (1647-1706), Commentaire philosophique, II, chap. 6 (1686)

Réfugié à Rotterdam, Pierre Bayle rédige un Commentaire philosophique *sur ces paroles du Christ : « Contrains-les d'entrer », qui est non seulement un réquisitoire contre les conversions forcées mais un plaidoyer alors inédit et original sur les bienfaits de la coexistence de plusieurs religions au sein d'un même État.*

Il n'y a pas, dit-on, de plus dangereuse peste[1] dans un État que la multiplicité des Religions, parce que cela met en dissension[2] les voisins avec les voisins, les pères avec les enfants, les maris avec les femmes, le Prince avec ses Sujets. Je réponds que bien loin que cela se fasse contre moi[3], c'est une très forte preuve pour la tolérance ; car si la multiplicité des Religions nuit à un État, c'est uniquement parce que l'une ne veut pas tolérer l'autre, mais l'engloutir par la voie des persécutions. [...] C'est là l'origine du mal. Si chacun avait la tolérance que je soutiens, il y aurait la même concorde dans un État divisé en dix Religions que dans une ville où diverses espèces

1. **Peste** : fléau (comparable à celui de la peste).
2. **En dissension** : en désaccord, en opposition.
3. **Cela se fasse contre moi** : cela me cause du tort.

d'artisans s'entre-supportent mutuellement. Tout ce qu'il pourrait y avoir, ce serait une honnête émulation à qui se signalerait en piété, en bonnes mœurs, en science; chacune se piquerait[1] de prouver qu'elle est la plus amie de Dieu, en témoignant un plus fort attachement à la pratique des bonnes œuvres; elles se piqueraient même de plus d'affection pour la patrie si le Souverain les protégeait toutes et les tenait en équilibre par son équité.

Texte 3

ROMAN ÉPISTOLAIRE

MONTESQUIEU (1689-1755), *Lettres persanes* (1721), lettre 85

Vingt-cinq ans après Bayle, Montesquieu reprend à son tour le combat en faveur de la tolérance. Dans ses Lettres persanes*, il imagine deux Persans qui visitent la France et écrivent régulièrement à leurs compatriotes restés en Perse pour leur faire part de leurs impressions. Qu'une seule religion soit autorisée en France les étonne. Sous ce masque persan, Montesquieu énumère les bienfaits que procurerait la coexistence de plusieurs religions. L'émulation qu'il y aurait entre elles ne pourrait qu'être bénéfique à l'État. C'est prendre l'exact contre-pied de la politique de Louis XIV révoquant l'édit de Nantes.*

On remarque que ceux qui vivent dans des religions tolérées[2] se rendent ordinairement plus utiles à leur patrie que ceux qui vivent dans la religion dominante; parce que, éloignés des honneurs, ne pouvant se distinguer par leur opulence et leurs richesses[3], ils sont portés à acquérir par leur travail et à embrasser les emplois de la société les plus pénibles.

D'ailleurs, comme toutes les religions contiennent des préceptes utiles à la société, il est bon qu'elles soient observées avec zèle[4]. Or qu'y a-t-il de plus capable d'animer ce zèle que leur multiplicité?

1. **Se piquerait** : mettrait son point d'honneur à.
2. **Tolérées** : admises sans être pour autant reconnues officiellement.
3. **Opulence** : très grande richesse; **leurs richesses** : leurs biens.
4. **Avec zèle** : avec un soin extrême.

Ce sont des rivales qui ne se pardonnent rien. La jalousie descend jusqu'aux particuliers : chacun se tient sur ses gardes et craint de faire des choses qui déshonoreraient son parti et l'exposeraient aux mépris et aux censures impardonnables du parti contraire.

Aussi a-t-on toujours remarqué qu'une secte[1] nouvelle introduite dans un État était le moyen le plus sûr pour corriger tous les abus de l'ancienne.

Texte 4

TRAITÉ PHILOSOPHIQUE

VOLTAIRE (1694-1778), *Traité sur la tolérance* (1763), XXIII

Voltaire est souvent intervenu en faveur de victimes d'erreurs judiciaires : « affaire Sirven » en 1765 ; « affaire La Barre » en 1766 ; « affaire Martin » en 1770... La plus retentissante reste toutefois l'« affaire Calas ». En 1761, Marc-Antoine Calas, fils d'un commerçant protestant de Toulouse, est retrouvé pendu. Suicide ou meurtre déguisé en suicide ? Très vite on prétend qu'il a été assassiné parce qu'il voulait se convertir au catholicisme. Son père, Jean Calas, est accusé d'infanticide, condamné à mort et exécuté en 1762. Convaincu de l'innocence du malheureux, Voltaire rédige son Traité de la tolérance à l'occasion de la mort de Jean Calas *(1763), dans lequel il démontre que Calas ne pouvait matériellement pas être l'assassin. Grâce à Voltaire, Calas sera réhabilité en 1765 – mais trop tard... Le traité s'achève par une prière à Dieu, qui s'adresse en réalité moins à la divinité qu'aux hommes. Seule la raison peut établir la tolérance, source de paix entre les hommes.*

Ce n'est donc plus aux hommes que je m'adresse ; c'est à toi, Dieu de tous les êtres, de tous les mondes et de tous les temps[2]. [...] Tu ne nous as point donné un cœur pour nous haïr, et des mains pour nous égorger ; fais que nous nous aidions mutuellement à

1. Secte : religion d'un petit groupe (du moins à sa naissance).

2. Si Voltaire combat vigoureusement l'Église catholique, il n'en est pas moins déiste, croyant en un Être suprême.

supporter le fardeau d'une vie pénible et passagère ; que les petites différences entre les vêtements qui couvrent nos débiles[1] corps, entre tous nos langages insuffisants, entre tous nos usages ridicules, entre toutes nos lois imparfaites, entre toutes nos opinions insensées, entre toutes nos conditions si disproportionnées à nos yeux et si égales devant toi ; que toutes ces petites nuances qui distinguent les atomes appelés hommes ne soient pas des signaux de persécution. [...] Puissent tous les hommes se souvenir qu'ils sont frères ! Qu'ils aient en horreur la tyrannie exercée sur les âmes, comme ils ont en exécration[2] le brigandage qui ravit par la force le fruit du travail et de l'industrie paisible ! Si les fléaux de la guerre sont inévitables, ne nous haïssons pas, ne nous ne déchirons pas les uns les autres dans le sein de la paix, et employons l'instant de notre existence à bénir également en mille langages divers, depuis Siam[3] jusqu'à la Californie, ta bonté qui nous a donné cet instant.

Texte 5

ARTICLE DE DICTIONNAIRE

Article « Réfugiés », *Encyclopédie* (1751-1772), auteur anonyme

La fuite des protestants hors de France après la révocation de l'édit de Nantes en 1685 ne cesse d'être déplorée. Erreur politique et faute morale, cette révocation est aussi une catastrophe économique. Elle prive le pays de talents et de ressources.

RÉFUGIÉS. – C'est ainsi que l'on nomme les protestants français que la révocation de l'édit de Nantes a forcés à sortir de France, et de chercher un asile dans les pays étrangers, afin de se soustraire aux persécutions qu'un zèle aveugle et inconsidéré leur faisait éprouver dans leur patrie. Depuis ce temps, la France s'est vue privée d'un grand nombre de citoyens qui ont porté à ses ennemis

1. Débiles : fragiles.

2. Exécration : haine.

3. Siam : Thaïlande actuelle.

des arts, des talents et des ressources dont ils ont souvent usé contre elle. Il n'est point de bons Français qui ne gémissent depuis longtemps de la plaie profonde causée au royaume par la perte de tant de sujets utiles. Cependant, à la honte de notre siècle, il s'est trouvé de nos jours des hommes assez aveugles ou assez imprudents pour justifier aux yeux de la politique et de la raison la plus funeste démarche[1] qu'ait jamais pu entreprendre le conseil d'un souverain. Louis XIV, en persécutant les protestants, a privé son royaume de près d'un million d'hommes industrieux qu'il a sacrifiés aux vues intéressées et ambitieuses de quelques mauvais citoyens, qui sont les ennemis de la liberté de penser, parce qu'ils ne peuvent régner qu'à l'ombre de l'ignorance.

Ce combat pour la liberté de conscience a pour corollaire la dénonciation du fanatisme sous toutes ses formes, religieuses ou idéologiques. Selon Voltaire, est « fanatique » toute personne qui veut imposer aux autres son propre point de vue par la violence, y compris par le meurtre.

« Que répondre à un homme qui vous dit qu'il aime mieux obéir à Dieu qu'aux hommes, et qui en conséquence est sûr de mériter le ciel en vous égorgeant ? » (Voltaire, article « Fanatisme », Dictionnaire philosophique, *1764).*

La liberté de la presse et de l'édition

La diffusion des idées des Lumières se heurte à de nombreux obstacles, dont celui de la censure. La publication d'un livre est en effet soumise à l'obtention d'un privilège royal, qui équivaut à une autorisation : pas de privilège, pas de publication, ou alors officieuse et clandestine. Les « Déclarations royales » de 1728 et 1757 énumèrent longuement les peines dont sont passibles les auteurs, les libraires-éditeurs, les vendeurs et colporteurs qui diffusent des œuvres portant atteinte à la monarchie, au roi et à

1. **Démarche** : la révocation de l'édit de Nantes.

la religion. La Sorbonne, le Parlement et le clergé exercent un contrôle sur le contenu des livres. C'est ainsi que *De l'esprit des lois*, de Montesquieu, est censuré par la Sorbonne ; que l'*Encyclopédie* est interdite de vente à plusieurs reprises ; que l'*Émile* de Rousseau est condamné à être brûlé par le Parlement de Paris. Pour échapper à la prison ou, parfois, à la mort, les auteurs se cachent ou s'enfuient (Voltaire, Rousseau, Diderot). La liberté d'éditer devient ainsi une revendication importante. Avec la liberté de penser et la liberté de conscience, elle sera l'un des axes majeurs de l'idéal républicain.

Texte 6

ARTICLE DE DICTIONNAIRE

CHEVALIER DE JAUCOURT (1704-1779), article « Presse », *Encyclopédie* (1751-1772)

*Érudit, fin connaisseur des lettres aussi bien que des sciences, le chevalier de Jaucourt est après Diderot l'un des personnages clés de l'*Encyclopédie*: sur les quelque 60 000 articles qu'elle contient, il en a rédigé près de 17 000 ! Son article « Presse » – comprenons « Édition » – est un manifeste en faveur de la liberté d'imprimer.*

On demande si la liberté de la presse est avantageuse ou préjudiciable à un État. La réponse n'est pas difficile. Il est de la plus grande importance de conserver cet usage dans tous les États fondés sur la liberté : je dis plus, les inconvénients de cette liberté sont si peu considérables vis-à-vis de ses avantages que ce devrait être le droit commun de l'univers, et qu'il est à propos de l'autoriser dans tous les gouvernements. [...] Rien ne peut tant multiplier les séditions et les libelles[1] dans un pays où le gouvernement subsiste dans un État d'indépendance[2], que de défendre cette impression non

1. **Séditions** : révoltes ; **libelles** : pamphlets (clandestins par définition).
2. C'est-à-dire un État non dominé par un autre.

autorisée, ou de donner à quelqu'un[1] des pouvoirs illimités de punir tout ce qui lui déplaît ; de telles concessions de pouvoir dans un pays libre deviendraient un attentat contre la liberté.

Texte 7

TEXTE POLITIQUE

Déclaration des droits de l'homme et du citoyen du 26 août 1789

Le combat des Lumières en faveur des libertés trouve son aboutissement et sa consécration juridique dans la Déclaration des droits de l'homme et du citoyen de 1789, laquelle stipule dans son Préambule :

Les Représentants du Peuple français, constitués en Assemblée nationale, considérant que l'ignorance ou le mépris des droits de l'homme sont les seules causes des malheurs publics et de la corruption des gouvernements, ont résolu d'exposer, dans une Déclaration solennelle, les droits naturels, inaliénables et sacrés de l'homme.

La Déclaration reconnaît la liberté de pensée et de conscience dans son article 10 :

Nul ne doit être inquiété pour ses opinions, même religieuses, pourvu que leur manifestation ne trouble pas l'ordre public établi par la loi.

L'article 11 reconnaît, quant à lui, la liberté d'expression :

La libre communication des pensées et des opinions est un des droits les plus précieux de l'Homme : tout Citoyen peut donc parler, écrire, imprimer librement, sauf à répondre de l'abus de cette liberté dans les cas déterminés par la loi.

Après le rétablissement de la censure sous le Second Empire, la IIIe République fait voter la loi du 29 juillet 1881 sur la liberté de la presse. L'article 1

1. Quelqu'un : le directeur de « la librairie royale », qui accordait ou non le « privilège royal ». Le paradoxe est que ce directeur est alors Lamoignon de Malesherbes (1721-1794), ami et soutien discret de Diderot et des Encyclopédistes.

de cette loi est aussi bref que clair : « L'imprimerie et la librairie {= l'édition} sont libres. »

En se référant à la Déclaration des droits de l'homme, les Constitutions des IIIe, IVe et Ve Républiques reconnaissent ces libertés fondamentales. Ce que fait également la Déclaration universelle des droits de l'homme adoptée par les Nations unies le 10 décembre 1948, au palais de Chaillot, à Paris.

■ Le droit à l'éducation

Se voir reconnaître, par la loi, des libertés est une chose ; les exercer en est une autre : encore faut-il le vouloir et être en capacité intellectuelle de le faire. Les libertés n'étant jamais le droit de faire n'importe quoi, n'importe où, n'importe quand, leur exercice suppose un esprit formé, conscient de ses responsabilités. En effet, les Lumières ne sont pas une révélation mais un chemin jamais définitivement parcouru. Or rien n'est plus difficile que de penser par soi-même : cela implique souvent de penser contre soi-même, contre ses intuitions, ses convictions (d'où viennent-elles ?), parfois contre ses préjugés (encore faut-il en prendre conscience). S'interroger sur les valeurs des Lumières implique la même démarche. C'est autant chercher à les définir que s'interroger sur leur bien-fondé, se demander comment les connaître, comment se les approprier.

De là l'importance de l'éducation : sans elle, pas de liberté de penser, ni de liberté de conscience. Or, au XVIIIe siècle, l'école n'est ni obligatoire ni gratuite et encore moins laïque. Ceux qui savent lire, écrire et compter restent une minorité. À la notable exception de Rousseau (1712-1778) qui, dans *Émile ou de l'Éducation* (1762), définit et détaille un programme éducatif précis ou de d'Alembert (dans les articles « Collèges » et « Éducation » de l'*Encyclopédie*), les philosophes posent plus des principes qu'ils ne définissent une politique éducative. Leur but est ambitieux : il s'agit pour eux de faire reculer l'ignorance; de permettre l'épanouissement de chacun; d'assurer le bon fonctionnement de l'État, voire, pour les plus audacieux, de favoriser la démocratie. Au XVIe siècle, la Renaissance s'était déjà interrogée sur la formation des esprits, mais principalement pour les nobles et « gens bien nés » (Rabelais dans son *Gargantua*, en 1534, par exemple). Les partisans des Lumières vont, quant à eux, vouloir former un citoyen apte à se gouverner et à participer au bon fonctionnement de l'État.

Texte 8

TRAITÉ POLITIQUE

MONTESQUIEU (1689-1755), *De l'esprit des lois* (1748), IV, 4

Dans De l'esprit des lois, *son ouvrage majeur, Montesquieu se montre convaincu que les lois d'un pays obéissent à des causes précises, au même titre que les lois physiques. Il en déduit l'existence de rapports entre la nature géographique d'un pays et son type de gouvernement. Montesquieu est à ce titre considéré comme un précurseur des sciences politiques. L'éducation lui semble ainsi essentielle à la naissance et à la stabilité d'un gouvernement « républicain », qu'il définit ainsi : « Celui où le peuple en corps, ou seulement une partie du peuple, a la souveraine puissance. »*

C'est dans le gouvernement républicain que l'on a besoin de toute la puissance de l'éducation. La crainte des gouvernements despotiques[1] naît d'elle-même parmi les menaces et les châtiments ; l'honneur des monarchies est favorisé par les passions, et les favorise à son tour : mais la vertu politique est un renoncement à soi-même, qui est toujours une chose très pénible.

On peut définir cette vertu, l'amour des lois et de la patrie. Cet amour demandant une préférence continuelle de l'intérêt public au sien propre, dont toutes les vertus particulières ; elles ne sont que cette préférence.

1. **Despotiques** : tyranniques.

Cet amour est singulièrement affecté aux démocraties. Dans elles seules, le gouvernement est confié à chaque citoyen. Or le gouvernement est comme toutes les choses du monde : pour le conserver, il faut l'aimer. [...] Tout dépend donc d'établir dans la république cet amour ; et c'est à l'inspirer que l'éducation doit être attentive.

Texte 9

ARTICLE DE DICTIONNAIRE

SAINT-LAMBERT (1716-1803), article « Législateur », *Encyclopédie* (1751-1772)

Au milieu du siècle, les Encyclopédistes voient à leur tour dans l'éducation une source de moralité et de civisme. Parmi eux figure le marquis de Saint-Lambert (considéré par ailleurs comme l'un des grands poètes de son siècle), auteur de plusieurs articles du dictionnaire.

L'éducation des enfants sera un moyen efficace pour attacher les peuples à la patrie, pour leur inspirer l'esprit de la communauté, l'humanité, la bienveillance, les vertus publiques et privées, l'amour de l'honnête, les passions utiles à l'État.

Texte 10

LE MANIFESTE DES LUMIÈRES

CONDORCET (1743-1794), *Esquisse d'un tableau historique des progrès de l'esprit humain* (1793, éd. posthume 1795)

Économiste, juriste, membre à 26 ans de l'Académie des sciences, le marquis de Condorcet préconise dès 1792 la création d'une école publique et laïque. Son Esquisse d'un tableau historique des progrès de l'esprit humain *est le manifeste de la pensée des Lumières. L'éducation de tous et l'instruction pour tous sont, pour lui, les conditions nécessaires de l'autonomie individuelle et de la défense des libertés publiques.*

L'égalité d'instruction que l'on peut espérer d'atteindre, mais qui doit suffire, est celle qui exclut toute dépendance, ou forcée, ou volontaire. Nous montrerons, dans l'état actuel des connaissances humaines, les moyens faciles de parvenir à ce but, même pour ceux qui ne peuvent donner à l'étude qu'un petit nombre de leurs premières années, et dans le reste de leur vie quelques heures de loisir. Nous ferons voir que par un choix heureux, et des connaissances elles-mêmes, et des méthodes de les enseigner, on peut instruire la masse entière d'un peuple de tout ce que chaque homme a besoin de savoir pour l'économie domestique, pour l'administration de ses affaires, pour le libre développement de son industrie[1] et de ses activités, pour connaître ses droits, les défendre et les exercer ; pour être instruit de ses devoirs, pour pouvoir les bien remplir, pour juger ses actions et celles des autres d'après ses propres lumières, et n'être étranger à aucun des sentiments élevés ou délicats qui honorent la nature humaine ; pour ne point dépendre aveuglément de ceux à qui il est obligé de confier le soin de ses affaires, pour n'être plus la dupe de ces erreurs populaires qui tourmentent la vie de craintes superstitieuses et d'espérances chimériques.

Les vues de Condorcet inspireront sous la IIIe République les lois de Jules Ferry (1832-1893) de 1881 et de 1882, par lesquelles l'école primaire devient obligatoire pour les enfants de 6 à 13 ans, gratuite et laïque.

En 2000, le Parlement adopte le Code de l'éducation, qui regroupe tous les textes législatifs gérant le système éducatif, depuis l'école maternelle jusqu'à l'université. Ce Code évolue chaque année, en fonction des besoins et des nécessités.

■ Le respect de la dignité humaine

Qu'elle soit à dominante scientifique, philosophique, littéraire, juridique, artistique ou technologique, la culture, dont l'éducation permet l'acquisition, est toujours découverte de l'Autre : par et dans

1. Industrie : métier, activité.

les livres qui font découvrir d'autres modes de pensée et de vie, par les voyages, par les nouvelles technologies d'information et de communication. Or cet Autre se révèle à la fois différent de soi, sans quoi il ne serait pas « autre », et semblable à soi. L'humanité apparaît ainsi à la fois une et diverse. Les partisans des Lumières affirment avec force la dignité de tout être humain, quelle que soit par ailleurs sa situation sociale. Le respect de la dignité humaine passe alors par la double dénonciation de l'esclavage et de la guerre – tous deux profondément inhumains.

Le refus de l'esclavage

Aux XVIIe et XVIIIe siècles, l'esclavage des Noirs est une pratique courante, lié notamment au commerce triangulaire[1]. Le *Code noir*, promulgué par Louis XIV en 1685, lui donne une assise légale et l'Église catholique une justification morale. La traite des Noirs n'en suscite pas moins chez les meilleurs esprits une vive indignation.

Texte 11

TRAITÉ POLITIQUE

MONTESQUIEU (1689-1755), *De l'esprit des lois* (1748), XV, 5

Montesquieu s'emporte avec virulence contre la traite des Noirs. Il soutient non seulement que cette pratique n'est économiquement utile ni au maître ni à l'esclave, mais qu'elle est indigne d'un pays civilisé et de tout homme. Dans son réquisitoire apparaît en filigrane la notion de la dignité de tout être. Montesquieu donne la parole à un esclavagiste pour mieux démonter ses arguments puis recourt au raisonnement par l'absurde (attention donc à ne pas commettre de contresens !). En 1759, dans Candide *(chapitre XIX), Voltaire recourra au même procédé.*

1. **Commerce triangulaire** : commerce entre l'Europe, l'Afrique et l'Amérique du Nord. Les bateaux, chargés de marchandises diverses, partaient d'Europe (pour la France, de Nantes notamment) vers l'Afrique, où ces marchandises étaient vendues ou échangées. Les bateaux chargeaient alors des esclaves qu'ils conduisaient en Amérique, d'où ils repartaient vers l'Europe, avec des cargaisons de canne à sucre, de coton et d'autres produits.

Si j'avais à soutenir le droit que nous avons eu de rendre les nègres esclaves, voici ce que je dirais :

Les peuples d'Europe ayant exterminé ceux de l'Amérique, ils ont dû mettre en esclavage ceux de l'Afrique, pour s'en servir à défricher tant de terres.

Le sucre serait trop cher, si l'on ne faisait travailler la plante qui les produit par des esclaves[1].

Ceux dont il s'agit sont noirs depuis les pieds jusqu'à la tête ; et ils ont le nez si écrasé qu'il est presque impossible de les plaindre.

On ne peut se mettre dans l'esprit que Dieu qui est un être très sage, ait mis une âme, surtout bonne, dans un corps tout noir. [...]

Une preuve que les nègres n'ont pas le sens commun, c'est qu'ils font plus de cas d'un collier de verre que de l'or, qui, chez les nations, est d'une si grande conséquence.

Il est impossible que nous supposions que ces gens-là soient des hommes : parce que, si nous les supposions des hommes, on commencerait à croire que nous ne sommes pas nous-mêmes chrétiens.

Texte 12

ARTICLE DE DICTIONNAIRE

CHEVALIER DE JAUCOURT (1704-1779), article « Esclavage », *Encyclopédie* (1751-1772)

Sur le chevalier de Jaucourt, voir l'introduction du texte 6 (p. 70). Dans l'extrait qui suit, le chevalier s'en prend aux esclavagistes qui se servent de la religion pour justifier l'esclavage.

C'est donc aller directement contre le droit des gens et contre la nature, que de croire que la religion chrétienne donne à ceux

1. C'est l'argument économique souvent avancé par les esclavagistes, dont la suite du propos démontre l'absurdité.

qui la professent, un droit de réduire en servitude ceux qui ne la professent pas, pour travailler plus aisément à sa propagation. Ce fut pourtant une manière de penser qui encouragea les destructeurs de l'Amérique dans leurs crimes ; et ce n'est pas la seule fois que l'on se soit servi de la religion contre ses propres maximes, qui nous apprennent que la qualité de prochain s'étend sur tout l'univers.

Texte 13

TEXTE POLITIQUE

Déclaration universelle des droits de l'homme de 1948

Selon l'article 7 de la Déclaration des droits de l'homme et du citoyen de 1789, « les hommes naissent et demeurent libres et égaux en droit. Les distinctions sociales ne peuvent être fondées que sur l'utilité commune ».

Après une première et partielle interdiction de l'esclavage par la Convention dans sa loi du 4 février 1794, l'esclavage est définitivement aboli sous la IIe République par le décret de Victor Schoelcher (1804-1893) du 27 avril 1848. La Déclaration universelle des droits de l'homme, adoptée par les Nations unies, stipule dans son article 4 : « Nul ne sera tenu en esclavage ni en servitude ; l'esclavage et la traite des esclaves sont interdits sous toutes leurs formes. »

Le refus de la guerre

Guerre de succession de Pologne (1733-1735), guerre de succession d'Autriche (1741-1748), guerre coloniale avec l'Angleterre (1744-1758), guerre de Sept Ans (1756-1763) : la guerre est au XVIIIe siècle une réalité récurrente, souvent vécue comme une fatalité. Les partisans des Lumières y voient une monstruosité morale, une catastrophe politique et économique, et n'ont cessé de la dénoncer.

Texte 14

ARTICLE DE DICTIONNAIRE

DAMILAVILLE (1723-1768), article « Paix », *Encyclopédie* (1751-1772)

Ami de Diderot et de Voltaire (qui lui-même condamne la guerre dans Candide*), travaillant aux impôts, Damilaville considère la guerre comme une défaite de la raison, un danger pour les libertés et le meilleur moyen pour un État de s'appauvrir : une guerre ne fait que des vaincus, car même les victoires sont des défaites.*

La guerre est un fruit de la dépravation des hommes ; c'est une maladie convulsive et violente du corps politique, il n'est en santé, c'est-à-dire dans son état naturel, que lorsqu'il jouit de la paix. [...] La guerre [...] dépeuple les États ; elle y fait régner le désordre ; les lois sont forcées de se taire à la vue de licence qu'elle introduit ; elle rend incertaines la liberté et la propriété des citoyens ; elle trouble et fait négliger le commerce ; les terres deviennent incultes et abandonnées. Jamais les triomphes les plus éclatants ne peuvent dédommager une nation de la perte d'une multitude de ses membres que la guerre sacrifie ; ses victoires mêmes lui font des plaies profondes que la paix seule peut guérir.

Si la raison gouvernait les hommes, si elle avait sur les chefs des nations l'empire[1] qui lui est dû, on ne les verrait point se livrer inconsidérément aux fureurs de la guerre, ils ne marqueraient point cet acharnement qui caractérise les bêtes féroces.

Texte 15

ARTICLE DE DICTIONNAIRE

CHEVALIER DE JAUCOURT (1704-1779), article « Guerre », *Encyclopédie* (1751-1772)

Si Damilaville analyse les conséquences, toujours néfastes, d'une guerre, le chevalier de Jaucourt se penche sur ses diverses et possibles causes. Aucune, absolument aucune, ne lui paraît acceptable.

---

1. Empire : ascendant, emprise.

Toute guerre est injuste dans ses causes :

1. Lorsqu'on l'entreprend sans aucune raison justificative, ni motif d'utilité apparente, si tant est qu'il y ait des exemples de cette barbarie ;

2. Lorsqu'on attaque les autres pour son propre intérêt, sans qu'ils nous aient fait de tort réel, et ce sont là de vrais brigandages ;

3. Lorsqu'on a des motifs fondés sur des causes justificatives spécieuses[1], mais qui bien examinés sont réellement illégitimes ;

4. Lorsqu'avec de bonnes raisons justificatives, on entreprend la guerre par des motifs qui n'ont aucun rapport avec le tort qu'on a reçu, comme pour acquérir une vaine gloire, se rendre redoutable, exercer ses troupes, étendre sa domination, etc. Il faut dire la même chose de l'envie qu'aurait un peuple de changer de demeure et de quitter une terre ingrate, pour s'établir à force[2] dans un pays fertile ; il n'est pas moins injuste d'attenter par la voie des armes, sur la liberté, les vies et les domaines d'un autre peuple, par exemple des Américains, sous prétexte de leur idolâtrie[3]. Quiconque a l'usage de la raison, doit jouir de la liberté de choisir lui-même ce qu'il croit lui être le plus avantageux.

Même si cette condamnation de la guerre n'a malheureusement pas empêché la multiplication des conflits dans les siècles suivants, le recours à la violence armée pour résoudre des différends entre États demeure moralement, politiquement, économiquement inacceptable. Dès le lendemain de la Seconde Guerre mondiale, les représentants de plus de cinquante États, réunis à San Francisco, signent la Charte des Nations unies le 26 juin 1945, par laquelle ils s'engagent à tout faire pour éliminer les conflits.

1. Spécieuses : faussement raisonnables.

2. À force : de force.

3. C'est l'argument avancé par les conquérants espagnols et portugais pour justifier leur colonisation des Amériques.

Les fondements de la république

Les partisans des Lumières n'ont pas tous les mêmes idées politiques : Voltaire penche pour une monarchie à l'anglaise, dans laquelle le souverain règne mais ne gouverne pas directement, et Diderot fut un temps tenté par le despotisme éclairé[1]. Tous condamnent toutefois la monarchie absolue, telle qu'elle a été incarnée par Louis XIV. Quant à la démocratie, elle leur semble souvent le type de gouvernement idéal, mais irréalisable. Leurs réflexions et analyses n'en jettent pas moins les bases d'un possible régime républicain.

Le consentement du peuple, source de l'autorité politique

D'où provient la légitimité d'une autorité, d'un pouvoir ? L'histoire montre que ses sources sont multiples : la force, que les Encyclopédistes rejettent comme étant tyrannique par nature ; l'usage (la tradition), dont ils récusent l'irrationalité ; le droit divin, qui leur semble incompatible avec l'exercice de la raison et de la liberté. Comment, dès lors, concilier la liberté de chacun et la soumission à une autorité ?

Texte 16

ARTICLE DE DICTIONNAIRE

DIDEROT (1713-1784), article « Autorité politique », *Encyclopédie* (1751-1772)

Diderot fait dépendre la légitimité de toute autorité politique du « consentement du peuple ». Même s'il ne prononce pas expressément le mot « démocratie », il en suggère la notion.

1. **Despotisme éclairé** : forme de gouvernement dans laquelle l'ensemble des pouvoirs se trouve dans la main d'un seul, qui, philosophe et raisonnable, est éclairé par les Lumières. Voltaire crut avoir trouvé ce despote éclairé en la personne de Frédéric II de Prusse, et Diderot dans celle de Catherine II de Russie. Tous deux furent cruellement déçus, leur « despote éclairé » s'étant révélé plus despote qu'éclairé.

AUTORITÉ POLITIQUE. – Aucun homme n'a reçu de la nature le droit de commander aux autres. La liberté est un présent du ciel, et chaque individu de la même espèce a le droit d'en jouir aussitôt qu'il jouit de la raison. Si la nature a établi quelque autorité, c'est la puissance paternelle : mais la puissance paternelle a ses bornes ; et dans l'état de nature elle finirait aussitôt que les enfants seraient en état de se conduire. Toute autre autorité vient d'une autre origine que de la nature. Qu'on examine bien, et on la fera toujours remonter à l'une de ces deux sources : ou la force et la violence de celui qui s'en est emparé ; ou le consentement de ceux qui s'y sont soumis par un contrat fait ou supposé entre eux, et celui à qui ils ont déféré l'autorité. [...]

La puissance qui vient du consentement des peuples suppose des conditions qui en rendent l'usage légitime, utile à la société, avantageux à la république[1], et qui la fixent et la restreignent entre des limites : car l'homme ne doit ni ne peut se donner entièrement et sans réserve à un autre homme.

L'élection de « représentants »

Texte 17

ARTICLE DE DICTIONNAIRE

D'HOLBACH (1723-1789), article « Représentants », *Encyclopédie* (1751-1772)

*Aristocrate et riche propriétaire terrien, d'Holbach est un collaborateur important de l'*Encyclopédie *dont il a rédigé plus de quatre cents articles. Athée et adversaire de toute forme de despotisme, il fait dépendre la légitimité politique de l'élection, et d'une élection pratiquée à intervalles réguliers.*

REPRÉSENTANTS. – Les représentants d'une nation sont des citoyens choisis, qui dans un gouvernement tempéré sont chargés par la société de parler en son nom, de stipuler ses intérêts, d'empê-

1. **République** : l'État, étymologiquement « la chose publique ».

cher qu'on ne l'opprime, de concourir à l'administration. [...]. Nul ordre de citoyens ne doit jouir pour toujours du droit de représenter, il faut que de nouvelles élections rappellent aux représentants que c'est d'elle [l'élection] qu'ils tiennent leur pouvoir. Un corps dont les membres jouiraient sans interruption du droit de représenter l'État, en deviendrait bientôt le maître ou le tyran.

La séparation des pouvoirs, garantie de la liberté

Si l'élection fonde la légitimité d'un pouvoir, comment toutefois éviter que l'exercice du pouvoir n'entrave à la longue la liberté ? Une source légitime ne garantit pas automatiquement un exercice, une pratique tout aussi légitime.

Texte 18

TRAITÉ POLITIQUE

MONTESQUIEU, *De l'esprit des lois* (1748), XI, 6

Sur la question capitale de la séparation des pouvoirs, Montesquieu distingue dans tout État « trois sortes de pouvoir » : le législatif, l'exécutif et le judiciaire. Il est l'un des premiers à prôner leur stricte séparation, sans laquelle la liberté n'est jamais assurée. C'est le fondement de toute république.

Il y a dans chaque État trois sortes de pouvoirs : la puissance législative, la puissance exécutrice des choses qui dépendent du droit des gens[1], et la puissance exécutrice de celles qui dépendent du droit civil.

Par la première, le prince ou le magistrat fait des lois pour un temps ou pour toujours, et corrige ou abroge celles qui sont faites. Par la seconde, il fait la paix ou la guerre, envoie ou reçoit des ambassades, établit la sûreté, prévient les invasions. Par la troisième, il punit le crime, ou juge les différends des particuliers. [...]

1. **Droit des gens** : droit qui règle les rapports entre les nations.

Lorsque, dans la même personne ou dans le même corps de magistrature, la puissance législative est réunie à la puissance exécutrice, il n'y a point de liberté ; parce qu'on peut craindre que le même monarque ou le même sénat ne fasse des lois tyranniques, pour les exécuter tyranniquement.

Il n'y a point de liberté encore si la puissance de juger n'est pas séparée de la puissance législative. Si elle était jointe à la puissance législative, le pouvoir sur la vie et la liberté des citoyens serait arbitraire ; car le juge serait le législateur. Si elle était jointe à la puissance exécutrice, le juge pourrait avoir la force d'un oppresseur.

La laïcité, garantie de la paix civile

La laïcité telle qu'elle est aujourd'hui entendue n'existe pas au XVIIIe siècle. Depuis le Moyen Âge, est « laïque » toute personne qui ne fait pas partie du clergé. Au sens moderne, depuis le début du XIXe siècle, laïque signifie « qui est indépendant de toute confession religieuse ». Mais si la laïcité n'existe pas formellement au XVIIIe siècle, la notion n'en apparaît pas moins progressivement. La liberté de penser et de conscience lui ouvre la voie (→ p. 63 et suiv.). L'abolition des privilèges ecclésiastiques en août 1789 en est une première manifestation : l'État, directement ou indirectement, ne finance plus un culte. La création par Jules Ferry d'une école gratuite et indépendante des écoles religieuses concrétise la laïcité sur le plan scolaire (→ p. 74 et suiv.). Le refus d'un type de gouvernement fondé sur la notion de droit divin contient en germe la séparation des Églises et de l'État.

Texte 19

TEXTE LÉGISLATIF

Loi de la séparation des Églises et de l'État (1905)

Après bien des débats, parfois violents, cette séparation intervient au début du XIXe siècle avec la loi du 9 décembre 1905, dont l'article premier stipule :

La République assure la liberté de conscience. Elle garantit le libre exercice des cultes sous les seules restrictions édictées ci-après dans l'intérêt de l'ordre public.

Texte 20

TEXTE CONSTITUTIONNEL

Constitution de la Ve République (1958), dans sa révision de juillet 2008

De la IIIe à la Ve République, les Constitutions ont toutes réaffirmé le principe de séparation des Églises et de l'État. Ainsi, notre Constitution actuelle précise dans son Préambule :

La France est une République indivisible, laïque, démocratique et sociale. Elle assure l'égalité devant la loi de tous les citoyens sans distinction d'origine, de race ou de religion. Elle respecte toutes les croyances.

Le « respect de toutes les croyances » va de pair avec la non-reconnaissance par l'État d'une croyance en particulier. Les lois et le fonctionnement des institutions ne sauraient dépendre d'un dogme, encore moins être imposés par celui-ci. Garant de la liberté de culte, l'État reste neutre.

La religion devient une affaire exclusivement privée, comme le souhaitait déjà Voltaire quand il faisait dire au Plaideur dans son entretien avec un Avocat (voir plus haut, p. 50) que « l'observation des lois était d'homme à homme et que la religion était de l'homme à Dieu ». C'était déjà séparer radicalement les deux domaines.

De nos jours, le Code de l'éducation *précise et résume les valeurs de la laïcité.*

■ Conclusion

Les valeurs des Lumières ont ainsi pour but, comme le souhaitait par exemple Voltaire, d'améliorer le sort des individus et d'organiser leur existence et leur coexistence. Elles s'assignent la tâche civilisatrice de rendre les hommes heureux. C'est ce que souligne et ce dont rêve Condorcet, pour qui les progrès de la science, de la raison et une active politique sociale rendront l'existence de moins en moins pénible.

LE MANIFESTE DES LUMIÈRES

Texte 21

CONDORCET, (1743-1794), *Esquisse d'un tableau historique des progrès de l'esprit humain* (1793, éd. posthume 1795)

La perfectibilité ou la dégénération organique des races dans les végétaux, dans les animaux, peut être regardée comme une des lois générales de la nature.

Cette loi s'étend à l'espèce humaine, et personne ne doutera sans doute que les progrès dans la médecine conservatrice[1], l'usage des aliments et de logements plus sains, une manière de vivre qui développerait les forces par l'exercice, sans les détruire par l'excès; qu'enfin la destruction de deux causes les plus actives de dégradation, la misère et la trop grande richesse, ne doivent prolonger pour les hommes, la durée de la vie commune, leur assurer une santé plus constante, une constitution plus robuste.

Voltaire terminait Candide *(1759) par cette phrase placée dans la bouche de son héros : « Il faut cultiver notre jardin. » Ce « jardin » est une image qui, au* XVIII*e siècle, désigne l'ici-bas, la « terre » de notre planète. C'est une invitation à l'amélioration constante des conditions de vie et de la civilisation. De nombreux citoyens de nombreux pays sont redevables des « valeurs » défendues par les Lumières, même s'ils n'en ont pas toujours conscience. Ces « valeurs », souvent nées dans une situation particulière et dans un contexte précis, sont devenues universelles parce qu'elles se fondent sur la liberté, la raison et la dignité de tout être humain.*

1. **Conservatrice** : qui maintient en bonne santé, qui *conserve*.

Le dossier

89 REPÈRES CLÉS

95 FICHES DE LECTURE

109 THÈME ET DOCUMENTS

115 OBJECTIF BAC

Le siècle de Voltaire

Né le 21 novembre 1694 sous le règne finissant de Louis XIV, Voltaire meurt le 30 mai 1778 sous celui de Louis XVI. Son « siècle » est celui des Lumières, qui voit tout à la fois une crise de l'État, d'incontestables progrès économiques et l'essor du rationalisme.

DE ROI EN ROI : LOUIS XIV, LOUIS XV, LOUIS XVI

• Louis XIV meurt à Versailles le 1er septembre 1715, après un règne de 54 ans. Son fils et son petit-fils étant décédés avant lui, c'est son arrière-petit-fils, le futur Louis XV, qui est l'héritier du trône.

• Comme ce dernier n'a que cinq ans, Philippe d'Orléans (fils de Monsieur, le frère de Louis XIV), devient le Régent du royaume, de 1715 à 1723. Cette régence se caractérise par une **triple réaction à la politique menée par Louis XIV** : religieuse, par le retour en grâce des jansénistes au détriment des jésuites ; politique, par le retour aux affaires de l'aristocratie ; et morale, par une libéralisation des mœurs.

• Louis XV règne de 1723 jusqu'à sa mort en 1774. Pour gouverner, il s'appuie successivement sur quatre ministres principaux : le duc de Bourbon, le cardinal de Fleury, le duc de Choiseul et le chancelier Maupeou. Plusieurs **guerres** marquent son règne : la guerre coloniale avec l'Angleterre (1744-1758) à propos du Canada, la guerre de Succession d'Autriche (1741-1748), et la guerre de Sept Ans contre la Prusse (1756-1763).

• Son fils, Louis XVI, lui succède en 1774. Il sera guillotiné place de la Révolution (aujourd'hui place de la Concorde), le 21 janvier 1793.

PROSPÉRITÉ ÉCONOMIQUE ET CRISE DE L'ÉTAT

• Avec plus de vingt-cinq millions d'habitants, la France est le **pays le plus peuplé d'Europe**. Malgré les guerres, elle connaît une longue période de prospérité économique. C'est le **début** lent, mais progressif, **de la révolution industrielle**. L'extraction du charbon et du fer revitalise les régions du Nord, de l'Est et du Massif central. L'industrie du textile (soie lyonnaise, coton normand, toiles bretonnes) se développe. Les ports de la façade atlantique s'enrichissent grâce au commerce triangulaire, fondé sur la traite négrière.

REPÈRES
FICHES
DOCUMENTS
OBJECTIF BAC

• Cette prospérité est certes loin de profiter à toute la population. Des émeutes de la faim éclatent régulièrement. Une **classe moyenne**, dont les conditions de vie s'améliorent, ne s'en constitue pas moins.

• Deux problèmes majeurs subsistent toutefois. La **situation financière** du pays se dégrade dangereusement : les déficits s'accumulent et les impôts, très injustement répartis, augmentent. La **résistance de la noblesse et du clergé**, attachés à leurs privilèges, rend néanmoins **impossible** toute réforme profonde de l'État. Ce sera l'une des causes de la Révolution de 1789.

LE SIÈCLE DES LUMIÈRES

• Au **théâtre**, **Voltaire** puis **Crébillon père** (1674-1762) maintiennent le prestige de la tragédie. **Diderot** (1713-1784) lance le drame bourgeois, en mettant en scène des malheurs domestiques. **Marivaux** (1688-1763 ; *Les Fausses Confidences*, 1737) puis **Beaumarchais** (1732-1799 ; *Le Barbier de Séville*, 1775) renouvellent la comédie.

• La **poésie** connaît une double évolution. D'une part, elle s'oriente vers des **thèmes préromantiques** (la nostalgie, la méditation devant les ruines, le paysage qui devient un état d'âme) avec des poètes comme Jacques Delille (1738-1813). D'autre part, elle **s'affranchit des contraintes de la versification** en inventant, avec Rousseau (1712-1778), une prose musicale.

• Le **roman** est en plein essor. L'**abbé Prévost** (1697-1763 ; *Manon Lescaut*, 1731) et **Rousseau** (*La Nouvelle Héloïse*, 1761) analysent les ravages de la passion. **Diderot** subvertit les codes romanesques en vigueur (l'illusion du réalisme, la connivence de fait entre l'auteur et le lecteur) dans *Jacques le Fataliste* et *Le Neveu de Rameau*.

• Surtout, la **pensée scientifique et philosophique** – les « Lumières » – s'enhardit et s'approfondit. Avec **Montesquieu** (1689-1755), **Rousseau**, **Voltaire**, **Diderot**, c'est le temps des philosophes. L'***Encyclopédie*** (1751-1772), sous la direction de Diderot, se veut la somme des connaissances du temps. Son rationalisme et son matérialisme lui vaudront plusieurs fois d'être censurée. Les contes de Voltaire participent à leur façon à la diffusion des Lumières. Le siècle est au triomphe de la raison.

Voltaire en son temps

Tour à tour fêté et disgracié, reçu à Versailles et exilé, Voltaire connaît une vie mouvementée. Dramaturge, philosophe, auteur d'une volumineuse correspondance avec tous les grands esprits d'Europe, il ne cesse de combattre pour la justice, pour le progrès social et économique, pour la tolérance, bref pour un monde meilleur.

DE LA PRISON À L'EXIL (1717-1734)

- François-Marie Arouet de son vrai nom, Voltaire naît à Paris le 21 novembre 1694, sous le règne de Louis XIV. Ses études sont classiques, et sa **jeunesse** est très vite **libertine**.

- Ses satires contre le Régent lui valent un premier séjour à la Bastille (1717-1718). Il y termine sa tragédie d'*Œdipe* qui, sitôt jouée, remporte un vif succès. Le voilà célèbre, bientôt reçu à la cour. Une querelle avec le chevalier de Rohan le renvoie à la Bastille puis l'oblige à quitter la France pour l'Angleterre.

- Voltaire y reste deux ans et demi. De ses observations naissent les *Lettres philosophiques*, qu'il publie en 1734 à son retour en France. Éloge de la société anglaise, ces lettres dénoncent en creux les préjugés de la société française. Menacé pour cette raison d'arrestation, Voltaire se réfugie à Cirey, en Champagne, près d'Émilie du Châtelet (1706-1749), femme tout à la fois de lettres et de science, dont il devient l'amant.

DU SUCCÈS À LA DISGRÂCE (1734-1750)

- **Cirey** devient pendant près de quinze son port d'attache. Il y déborde d'activité, se passionnant aussi bien pour les sciences que pour l'histoire, la philosophie et le théâtre. Ses tragédies – *Zaïre* (1732), *Mahomet* (1741), *La Mort de César* (1743) – font de lui le **dramaturge le plus célèbre de son temps**. De nombreux voyages le mènent tour à tour à Berlin, à Bruxelles et à Paris.

- La protection du marquis d'Argenson, alors ministre des Affaires étrangères, lui permet, en 1745, de devenir l'**historiographe de Louis XV**. Élu à l'Académie française en 1746, Voltaire compose alors des œuvres de circonstance. C'est sa **période de courtisan**. Période brève : un trait d'esprit signe sa disgrâce, épisode dont il se souviendra dans *Zadig* (1748). Voltaire retourne à Cirey. En 1749, la mort de Mme du Châtelet le laisse désemparé.

LES PREMIÈRES LUTTES PHILOSOPHIQUES

• À l'invitation de **Frédéric II**, roi de Prusse, Voltaire se rend à **Berlin**, où il est royalement reçu. Il y achève son *Siècle de Louis XIV* (1751), publie *Micromégas* (1752). Mais ses relations avec Frédéric II se dégradent et, en 1753, Voltaire quitte Berlin pour la banlieue de Genève où il s'installe dans sa propriété des Délices.

• **Controverses et polémiques** l'empêchent d'y vivre paisiblement. Convaincu que la vie en société améliore l'homme, Voltaire se brouille avec Rousseau, farouche défenseur de l'état de nature. Il défend Diderot et l'*Encyclopédie* qu'attaquent conjointement les jésuites et le Parlement. Son pessimisme ne fait que s'accroître : son *Essai sur les mœurs* (1756) montre que l'Histoire n'est faite que de guerres et de crimes ; *Candide* (1759) est une satire acerbe de l'optimisme. En butte aux tracasseries des Genevois hostiles au théâtre, Voltaire achète le château de Ferney, près de la frontière franco-suisse, mais du côté français.

LES DERNIERS COMBATS (1760-1778)

• Les dix-huit dernières années de sa vie sont **les plus brillantes de son existence**. Contre le fanatisme religieux et les superstitions de toutes sortes, Voltaire publie successivement son *Dictionnaire philosophique* (1764) et plusieurs contes, dont *L'Ingénu* (1767). Protestant contre les méandres de la justice et l'incompétence des juges, il intervient dans plusieurs affaires judiciaires, dont la retentissante **affaire Calas**, faussement accusé d'infanticide mais condamné à mort et exécuté. Voltaire obtiendra sa réhabilitation en 1765.

• Le théâtre continue de le passionner. *Irène* (1778), sa dernière tragédie, obtient un triomphe à Paris. Lui-même y est accueilli avec enthousiasme. Célébré, honoré par tous, sauf des pouvoirs établis, le « roi Voltaire » meurt à Paris le **30 mai 1778**, à l'âge de 84 ans.

• Il est inhumé sans funérailles religieuses, presque clandestinement, à Ferney. Ses restes seront solennellement transférés au Panthéon le 10 mai 1791.

La place des *Dialogues philosophiques* dans l'œuvre de Voltaire

Dramaturge, historien, philosophe, conteur, Voltaire fut un auteur prolixe. Si ses Dialogues philosophiques *sont de nos jours moins connus que* Candide *ou* L'Ingénu, *ils n'en jouèrent pas moins un rôle essentiel dans la diffusion des Lumières.*

DES ŒUVRES DE LA MATURITÉ

• Voltaire a écrit plus de **cinquante *Dialogues philosophiques***. C'est plus que ses quinze tragédies et ses vingt-six contes. Presque tous ont été publiés entre 1750 et 1777. Le *Dialogue entre Mme de Maintenon et Ninon de Lenclos* et celui d'*Un Plaideur et un Avocat* datent de 1751 ; l'*Entretien entre un Sauvage et un Bachelier*, de 1759 ; le *Dialogue du Chapon et de la Poularde*, de 1765 ; celui de *Lucien, Érasme et Rabelais*, de 1765. Quant aux *Entretiens chinois*, ils sont peut-être de 1770, en tout cas postérieurs à 1768.

• En 1750, Voltaire, né en 1694, a 54 ans. Il est dans la seconde partie de son existence qui sera pour lui la plus mouvementée mais aussi la plus féconde. Ses *Dialogues et entretiens* sont donc des **œuvres de la maturité**, fruits d'une expérience et d'une réflexion déjà longues. Ils sont contemporains de *Candide* (1759), du *Traité sur la tolérance* (1763), du *Dictionnaire philosophique* (1764) ou de *L'Ingénu* (1767).

DES ŒUVRES DE COMBAT

• Ainsi que cette simultanéité le suggère, les *Dialogues philosophiques* orchestrent les **mêmes thèmes que ceux des contes ou des traités**. La quête du bonheur au centre de la conversation entre Mme de Maintenon et Ninon de Lenclos se retrouve dans *Zadig* et dans *Candide*. La satire de la justice, présente dans *Un Plaideur et un Avocat*, figure dans ces deux mêmes contes. La dénonciation du fanatisme et des persécutions, dans le *Dialogue du Chapon et de la Poularde*, est au cœur du *Traité sur la tolérance*. Le plaidoyer en faveur d'une religion sans superstition se lit dans plusieurs articles du *Dictionnaire philosophique*, où l'on peut même découvrir des *Entretiens chinois*.

• **Il n'y a donc pas lieu de séparer ces textes du reste de l'œuvre de Voltaire.** C'est le même homme et le même écrivain qui en sont l'auteur. Et, par-delà les différences de style et de registre, c'est le **même combat en faveur des Lumières** qui se poursuit d'un dialogue à un conte, d'un entretien à un traité. Pour évidente et foisonnante qu'elle soit, la diversité de l'œuvre de Voltaire ne saurait masquer sa profonde unité.

DES ARMES DE PROPAGANDE

• On peut dès lors se demander pourquoi Voltaire éprouva le besoin d'écrire ces *Dialogues philosophiques* pour traiter de thèmes qu'il développait par ailleurs et presque en même temps. C'est que ceux-ci sont mieux à même de **toucher un plus large public**. La lecture d'un traité ou d'un dictionnaire peut décourager certains. Des contes comme *L'Ingénu*, *Candide* ou *Micromégas* demandent un effort d'interprétation. Ce sont des œuvres destinées à un public lettré, déjà adeptes des Lumières.

• Les *Dialogues philosophiques* présentent les mêmes idées d'une manière **plus** immédiatement **accessible**. Tous ont en commun leur **brièveté** : ils comptent au maximum une dizaine de pages et souvent beaucoup moins. Leur forme dialoguée les rend très **vivants**. Leur **ton** est tour à tour **amusé**, **ironique**, **pittoresque**. Agréables à lire, ils n'en étaient que plus vite diffusés, souvent clandestinement, pour échapper à la censure et parfois même dans des versions manuscrites que l'on recopiait. Assuré de village en ville par des marchands ambulants, le **colportage** en répandait et diversifiait la diffusion.

• Voltaire avait coutume de les appeler ses « **fusées volantes** ». L'expression définit bien la vocation de ces textes : toucher le plus grand nombre même au plus loin (« volantes ») et foudroyer les ennemis des Lumières (les « fusées » étant des obus). Les *Dialogues philosophiques* sont des **armes de propagande**.

La structure des *Dialogues philosophiques*

Concis sans cesser d'être clairs, brefs tout en ménageant l'intérêt du lecteur : telles sont les qualités de ces Dialogues philosophiques, *dont la structure fait autant sens que les arguments avancés.*

DIALOGUE ENTRE MADAME DE MAINTENON ET MADEMOISELLE DE LENCLOS

Madame de Maintenon a demandé à Ninon de Lenclos de venir la voir « en secret » dans ses appartements du château de Versailles. Tout oppose les deux femmes. Maîtresse puis épouse morganatique[1] de Louis XIV, Mme de Maintenon fait figure de « souveraine » et passe pour être fort dévote ; célèbre pour ses mœurs libertines et le nombre de ses amants, Ninon de Lenclos vit à Paris dans son hôtel particulier de la rue des Tournelles. Jadis amies proches, elles se revoient après une longue séparation due à leurs évolution et carrière respectives.

1 • L'objet du dialogue

Mme de Maintenon demande à Ninon de l'aider à **retrouver le goût du bonheur**. La vie de cour est pleine de contraintes et d'embûches, et c'est une illusion de croire que le bonheur réside dans le pouvoir suprême. Ninon avoue son impuissance à la « consoler » et l'encourage à supporter son état avec « patience ». L'ennui n'est-il pas le sort ordinaire de la plupart des reines ?

2 • Proposition contre proposition

Mme de Maintenon propose à Ninon de **s'installer à Versailles** et de redevenir comme par le passé son amie la plus proche – à la condition expresse toutefois de renoncer à sa vie libertine et, au moins en apparence, de « se faire femme respectable ». Ninon refuse d'être à la fois « hypocrite et malheureuse ». Retournant la proposition, elle **l'invite à quitter Versailles** et à venir avec elle à Paris. Refus cette fois de Mme de Maintenon : malheureuse à la cour, elle ne saurait pour autant être heureuse ailleurs.

1. Morganatique : se dit d'une union contractée par un roi et une femme de condition inférieure.

3 • Une leçon de sagesse

Ninon se demande alors si la véritable raison de l'insatisfaction de Mme de Maintenon ne vient pas tout simplement du fait qu'elle vieillit. « Perdre sa raison, sa beauté, ses passions, c'est là le vrai malheur. » Il faut **accepter cette loi de la nature**, si douloureuse soit-elle. « Mais avec des amis de la liberté et de la philosophie, on est aussi bien que notre âge le comporte. » Sur cette leçon de sagesse, Ninon prend congé de Mme de Maintenon.

UN PLAIDEUR ET UN AVOCAT

Un Plaideur s'informe auprès de son Avocat des progrès de son action en justice. Ni l'un ni l'autre n'ont de patronyme qui les individualiserait. Seule leur fonction les définit. Le Plaideur intervient pour le compte d'orphelins mineurs dont il a la tutelle (la charge officielle de veiller sur leurs intérêts).

1 • L'objet de l'entretien

Au bout de « dix-huit ans » de procédure, le jugement qui doit statuer sur la part d'héritage devant revenir à chacun de ces orphelins n'a toujours pas été rendu. Le Plaideur s'impatiente : « après tant de délais » peut-il espérer que l'affaire soit réglée aujourd'hui ? L'Avocat en est convaincu. Le Plaideur gagnera – mais sur un seul « chef » (sur un seul point) du procès, qui ne réglera donc pas les choses au fond.

2 • Une satire féroce de la justice

- Le dialogue met en lumière les **nombreux dysfonctionnements de la justice**.

- Les **procédures** sont trop **longues** et leur **coût** est **exorbitant** : dix-huit années de procédure ont déjà englouti le tiers de l'héritage auquel ont droit les orphelins. Les juges sont vénaux (cupides) et incompétents. En l'**absence d'un droit unifié**, chaque province voire chaque ville possède ses propres coutumes et règles juridiques. Ce qui est permis à Melun ne l'est pas à Guignes-la-Putain, pourtant distante d'à peine dix kilomètres.

- En outre les **auteurs des codes**, sur lesquels s'appuient les juges pour statuer, n'étaient **pas des juristes professionnels**. Quant au vieux droit romain, il suscite souvent des interprétations très diverses. Bref, même pour une affaire en principe aussi banale que le règlement d'une succession, rien n'est clair ni simple.

3 • Une inversion des rôles

• Longtemps naïf et passif dans la conduite de la conversation, le Plaideur finit par s'étonner de tant de complexités : pourquoi est-il donc si difficile d'avoir les mêmes lois dans tout le royaume ? L'Avocat lui répond que les unités de poids et de mesure ne sont pas non plus partout identiques. Elles le sont pourtant en Angleterre, objecte le Plaideur. C'est que les Anglais sont des « barbares », s'entend-il répondre. Preuve en est que, s'ils ont la même mesure, ils ont « vingt religions différentes ».

• Pour le Plaideur, cette preuve n'en est pas une : les lois, lui répond-il, régissent les rapports entre les hommes et les religions ceux entre les hommes et Dieu ; ce n'est donc pas la même chose. L'Avocat avoue ne rien comprendre à cette distinction entre le juridique et le religieux et s'en va plaider.

ENTRETIENS ENTRE UN SAUVAGE ET UN BACHELIER
PREMIER ENTRETIEN

1 • Deux interlocuteurs en tous points opposés

Comme dans le précédent dialogue entre le Plaideur et son Avocat, aucun des deux interlocuteurs ne possède d'identité propre. Titre alors accordé aux seuls étudiants diplômés en droit, le Bachelier se définit par ses études, gages en principe de savoir et d'intelligence. Le Sauvage était alors un non-Européen (souvent originaire d'Amérique du Nord), au mode de vie primitif et censé n'avoir aucune culture. Les deux hommes n'ont donc rien en commun.

2 • Un questionneur importun

Fier de son savoir, dont il fait un usage ridicule, le Bachelier soumet le Sauvage à un véritable examen, lui posant question sur question. Le Sauvage vit-il en société ? Comme tout le monde et « plusieurs espèces d'animaux », lui répond le Sauvage. Le Bachelier en est tout étonné. Partisan des théories de Rousseau, il pensait que seul l'homme à l'état de nature (donc un Sauvage) n'était pas corrompu par la société. Ce Sauvage n'est donc pas conforme à l'idée qu'il s'en faisait. Cela ne l'empêche pas de lui demander s'il vit dans les bois comme « les bêtes qui ne sont pas apprivoisées ». La question devient carrément stupide – comme toutes celles qu'il continue de poser. Qu'est-ce que le Sauvage sait de l'homme, de l'âme et de son origine ? Est-il supérieur aux animaux ? D'où viennent ses pensées ? Le

Sauvage répond naïvement mais toujours avec bon sens puis finit par s'agacer. Le Bachelier l'invite à dîner, afin de mieux poursuivre la conversation.

ENTRETIENS ENTRE UN SAUVAGE ET UN BACHELIER SECOND ENTRETIEN

• S'étant nourri plus que de coutume, le Sauvage souffre d'indigestion. Il en constate les effets sans en comprendre la cause : ses jambes sont lourdes et ses idées ne sont plus nettes. Sans le savoir, il éprouve expérimentalement le bien-fondé de la **philosophie sensualiste**, qui fait dépendre notre fonctionnement intellectuel de notre plus ou moins bon état physique.

• **Philosophe stupide**, le Bachelier se ridiculise en se jetant dans une explication métaphysique sur la place de l'âme dans le corps. Ridicule, il le devient davantage encore, quand il s'efforce de démontrer que tout est bien dans le meilleur des mondes possibles : il s'embrouille dans son raisonnement et déconsidère ainsi les théories optimistes du philosophe Leibniz.

• Un dernier sujet porte sur le **fonctionnement de la société**. Le Sauvage défend « l'intérêt commun », une justice égale pour tous puis, comprenant qu'il n'a affaire qu'à un prétentieux, s'en va. En position d'infériorité dans le premier entretien, il se retrouve ainsi en position de supériorité dans le second.

DIALOGUE DU CHAPON ET DE LA POULARDE

Jeune coq châtré, un Chapon croise une Poularde, elle-même sexuellement mutilée. Tous deux déplorent leur état et s'indignent du sort que les hommes leur réservent : finir rôtis sur une table : « Nous manger ! Ah, les monstres ! », s'écrie la Poularde.

1 • Une dénonciation de la cruauté humaine

Pour la consoler, le Chapon lui fait observer que les **hommes ne se comportent pas entre eux différemment qu'envers les animaux.** L'Église castre des enfants pour qu'ils conservent longtemps leur voix. Des empereurs « chrétiens et grecs » faisaient crever les yeux de leurs frères pour les empêcher de comploter. Des athées ou des hérétiques sont parfois brûlés vifs. Et l'anthropophagie fut jadis pratiquée.

2 • Une réflexion sur la place de l'homme dans la chaîne du vivant

Prenant la défense du genre animal, le Chapon rappelle qu'en Inde il est interdit de manger de la viande, les animaux étant des êtres vivants comme les humains. Si ces derniers leur sont supérieurs dans certains domaines, ils ne sont **pas fondamentalement différents** d'eux, contrairement à ce que soutient Descartes avec sa théorie des « animaux-machines ». Selon le philosophe Porphyre, les animaux sont des créatures de Dieu au même titre que les hommes. Les manger, c'est donc Lui désobéir. Cela n'empêche pourtant pas les gens d'Église d'inventer toutes sortes de prétextes pour justifier cette désobéissance. L'espèce humaine apparaît au Chapon comme la plus « abominable » et la plus « sanguinaire » qui soit. L'arrivée d'un cuisinier interrompt son réquisitoire.

LUCIEN, ÉRASME ET RABELAIS DANS LES CHAMPS-ÉLYSÉES

Trois écrivains se retrouvent aux Enfers, dans les Champs-Élysées, où séjournent héros et âmes vertueuses. Tous trois ont en commun d'avoir pratiqué le genre de la satire : Lucien (IIe siècle de notre ère) dans ses *Dialogues des morts* ; Érasme, dans son *Éloge de la folie* (1509) ; Rabelais, dans ses romans (*Pantagruel*, 1532 et *Gargantua*, 1534). C'est pour eux l'occasion de confronter leur expérience.

1 • Nature de la satire

• La satire a pour objet de tourner en ridicule les mœurs et comportements. **Lucien** distingue deux sortes de satire que ni Rabelais ni Érasme ne remettent en cause : la **satire d'ordre général**, qui ne vise personne en particulier ; et la **satire qui vise un individu** ou un groupe d'individus précis (satire dite *ad hominem*).

• La première ne soulève aucune difficulté car « chacun applique alors à son voisin ses propres ridicules » ; la seconde peut en revanche susciter de vives réactions de la part de ceux qui sont spécifiquement visés. Érasme explique ainsi avoir eu affaire à des religieux « fanatiques ».

2 • Une attaque féroce contre les gens d'Église

• Le témoignage d'**Érasme** transforme l'analyse du genre littéraire de la satire en **satire contre les moines** qui s'engagent « par un serment inviolable à être inutile au genre humain, à être absurdes et esclaves, et à vivre aux dépens d'autrui ».

• L'intervention de **Rabelais**, qui fut « prêtre et médecin », va encore plus loin : il **s'en prend au pape**, qu'il qualifie de « vieux fou », ainsi qu'à la doctrine de

l'infaillibilité papale, qui n'est pour lui qu'une sottise. S'il a pu être aussi hardi et échapper à toute persécution, c'est qu'il a mis dans ses romans toutes sortes de contes et d'« ordures », si bien que personne ne l'a pris au sérieux.

3 • Le rôle des satiristes

Lucien est plus que jamais convaincu que le monde empire de génération en génération, tant les vices et les superstitions demeurent vivaces. S'ils ont pour but de faire rire ou sourire leurs lecteurs, les satiristes ont surtout pour fonction de les « détromper », de **dénoncer les fausses croyances** : « Le grand plaisir est de montrer le chemin à ses amis qui s'égarent ». Leur **rôle** est donc **moral**.

ENTRETIENS CHINOIS ENTRE UN MANDARIN ET UN JÉSUITE

Haut fonctionnaire et fin lettré de l'Empire chinois, de culture bouddhiste, un Mandarin s'entretient avec un Jésuite, membre d'un ordre religieux catholique, en mission d'évangélisation.

1 • Plaidoyer chinois en faveur d'un déisme universel et rationnel

- Une religion doit-elle admettre voire favoriser des pratiques superstitieuses et des « fraudes pieuses » pour mieux séduire ses fidèles ? Le **Jésuite** se scandalise qu'il puisse en être ainsi lorsqu'il s'agit de la religion chinoise mais l'admet quand il s'agit de sa propre religion : « N'est-il pas permis de tromper les hommes pour leur bien ? »

- Le **Mandarin** ne le pense absolument pas et plaide en faveur d'une religion seulement dictée par « la raison universelle ». Elle ignorerait toute métaphysique, tout dogme, tout clergé. L'adoration d'un Dieu unique, la pratique de la justice et du bien en seraient les seules composantes. C'est la définition même du **déisme**. Ainsi seraient **éliminés les superstitions et le fanatisme** qui incite chacun à croire que sa religion est la seule vraie, ainsi que les crimes auxquels poussent certains prédicateurs pour la défense de leur foi.

2 • Un Jésuite contre les Lumières

- Le Jésuite doute de l'existence d'une telle religion au motif qu'il n'est pas possible « d'obtenir des hommes qu'ils se bornent à un culte simple, raisonnable et pur envers l'Être suprême ». Les fables exercent, selon lui, une séduction plus grande que la stricte vérité : « Les apparitions des saints, les possessions du Malin ont fait chez nous bien des conversions », dit-il. Le Mandarin le regrette : partout, « la superstition n'a jamais fait que du mal ».

• Les deux hommes se quittent en **complet désaccord**. Le Jésuite reste sur ses positions : la peur de l'Enfer et l'espoir du Paradis maintiennent les hommes dans le droit chemin. Le Mandarin continue de penser que la solidarité et la justice sont de meilleurs aiguillons.

Les personnages des *Dialogues philosophiques*

Chaque dialogue met en scène très peu de personnages. Celui entre Lucien, Érasme et Rabelais *en compte trois. C'est une exception : tous les autres n'en comptent que deux. Leur petit nombre n'exclut toutefois pas leur variété. Les personnages sont des utilités qui n'existent que par les idées qu'ils défendent, mis au service d'une stratégie argumentative efficace.*

DES PERSONNAGES VARIÉS

Divers par leurs origines, leur statut ou leurs fonctions, les personnages ont en commun d'être très stylisés.

1 • Des personnages fort divers

- Empruntant au genre de la **fable**, Voltaire met en scène des **animaux** et fait dialoguer deux volailles, un « Chapon » et une « Poularde ».

- Partout ailleurs, ce sont des **êtres humains**, mais tous **très différents** les uns des autres. Certains sont morts. Recourant cette fois au procédé de la prosopopée, Voltaire fait parler Lucien, Érasme et Rabelais, trois écrivains qui se retrouvent aux Enfers, aux Champs-Élysées. Parmi les vivants et présentés comme tels, les uns sont célèbres (Mme de Maintenon, Ninon de Lenclos), d'autres sont au contraire de parfaits anonymes (un Plaideur, un Avocat). Jouant enfin avec le temps comme avec l'espace, Voltaire fait intervenir un Mandarin chinois et un Sauvage originaire de Cayenne.

- Une galerie aussi variée de personnages ne peut qu'**amuser le lecteur** et piquer sa curiosité. Que peuvent bien dire un Chapon ou un Mandarin ?

2 • Des personnages très stylisés

- La brièveté des *Dialogues philosophiques* **interdit toute analyse approfondie** de ces personnages. On ne sait rien de leur apparence physique, on ignore souvent leur âge et parfois même leurs noms et prénoms. Ce sont des **silhouettes** sans véritable caractère. Ils se définissent par leurs fonctions – écrivains, avocat, étudiant – ou par leur situation sociale : une souveraine (Mme de Maintenon), une courtisane (Ninon de Lenclos), un Sauvage. Seuls le Chapon et la Poularde possèdent leurs caractéristiques propres : ils sont sexuellement mutilés et promis au même destin fatal.

- Si tous animent les *Dialogues*, **aucun n'en est vraiment le héros**. Ils disparaissent sitôt qu'ils ont dit ce qu'ils avaient à dire.

DES PERSONNAGES QUI SONT DES UTILITÉS

L'existence de ces personnages se confond avec leurs paroles. Ce sont les porte-voix d'un débat, et en même temps des masques de Voltaire.

1 • Les porte-voix d'un débat

• Chaque personnage est là pour **traiter d'un sujet et incarner une thèse**. Le Chapon et la Poularde s'entretiennent de la cruauté des humains ainsi que de leur arrogance. Lucien, Érasme et Rabelais dissertent sur la folie des hommes, sur l'inutilité sociale du clergé et sur toutes les formes de superstition. Le Jésuite et le Mandarin débattent de la possibilité d'établir une religion qui serait à la fois rationnelle et universelle. Le Bachelier et le Sauvage échangent sur ce que doit ou pourrait être une société civilisée. Le Plaideur et son Avocat dénoncent, chacun à sa manière, les lenteurs et les dysfonctionnements de la justice. Quant à Mme de Maintenon, elle s'interroge sur la nature et les formes du bonheur.

• À chaque fois, c'est le sujet qui détermine le type de personnage. C'est en ce sens qu'ils sont des **porte-voix**.

2 • Des masques de Voltaire

• Ce sont aussi des **masques** derrière lesquels Voltaire aime à se dissimuler pour **mieux faire passer ses idées**. Il prête au Mandarin ses propres opinions religieuses. Les propos du Sauvage font écho à sa polémique avec Rousseau, qui voyait dans le développement de la civilisation la source de la dépravation des mœurs. Le dialogue du Plaideur et de l'Avocat reprend les griefs qu'il a maintes fois formulés auparavant. Ninon de Lenclos définit un art de vivre et de bien vieillir conforme à sa manière de vivre à Ferney.

• Ces **masques** sont évidemment **transparents**. Ils représentent une forme d'humour de Voltaire. Surtout, ils donnent à ses écrits une **vivacité** qui les rend plus agréables à lire qu'un essai ou un traité.

DES PERSONNAGES AU SERVICE D'UNE ARGUMENTATION

Illustrations d'une position philosophique, les personnages sont les agents de la stratégie argumentative de Voltaire. Leurs face-à-face sont inattendus et les rapports de force qu'ils incarnent s'inversent toujours en faveur des Lumières.

1 • Des face-à-face inattendus

• Les personnages n'en sont pas moins **choisis avec soin**. Si ce qu'ils disent est important, la manière dont ils se comportent envers l'autre l'est également. Parfois ils **s'accordent entre eux**. L'**espèce animale** fait ainsi cause commune contre l'espèce humaine. Les **satiristes** font bloc contre l'ignorance et les superstitions.

• Ces ententes sont toutefois exceptionnelles. Le plus souvent, les personnages sont en présence de leur **exact contraire**. Mme de Maintenon à la réputation bien établie de pruderie et d'austérité se trouve devant sa parfaite antithèse, Ninon de Lenclos ayant une solide réputation de libertine. Le Bachelier fait la leçon à un supposé inculte. Le Chinois, de religion confucéenne, débat avec un Européen catholique, de surcroît jésuite. L'Avocat explique au Plaideur pourquoi il gagnera peut-être son procès mais perdra sûrement une bonne partie de l'héritage à répartir entre ses pupilles.

• Cette technique, presque systématiquement employée, présente un **double avantage** : celle de la **clarté** dans l'exposé du débat ou de l'analyse, et celle de créer de **plaisants face-à-face**.

2 • Une inversion progressive des rapports de force

• Sauf dans le cas du Chapon et de la Poularde, **la situation de départ n'est pas égale** entre les personnages. L'un est en position de force ou de supériorité. Il détient soit le savoir, soit la puissance, soit la vérité (ou ce qu'il croit telle). Il mobilise d'ailleurs la parole.

• Progressivement, ce rapport **s'inverse** en faveur de celui ou de celle qui se trouvait initialement en position d'infériorité. Ninon découvre les motifs profonds de l'insatisfaction de Mme de Maintenon (la vieillesse) et lui dit comment la combattre. C'est la moins puissante mais la plus heureuse qui l'emporte sur la plus puissante mais la moins heureuse. Le Mandarin donne un véritable cours de philosophie religieuse au Jésuite. Le Sauvage, qui n'a pas étudié, se révèle plus philosophe et plus doué que le bachelier. Cette inversion des rapports de force participe d'une **efficace stratégie d'argumentation**, car c'est au Mandarin ou au Sauvage que va l'approbation du lecteur.

Les procédés de l'argumentation

Les Dialogues philosophiques *sont des armes de combat au service des Lumières. Ce combat, Voltaire le mène simultanément de deux façons : par le discrédit qu'il jette sur les obscurantistes, ses adversaires ; et par la sympathie que lui inspirent les esprits éclairés, ses alliés.*

DES OBSCURANTISTES DISCRÉDITÉS

Obscurantisme, obscurantistes et même « obscurants » : ces néologismes, fabriqués au XVIIIe siècle, s'opposent métaphoriquement aux partisans des Lumières, aux esprits « éclairés ». Ils désignent tous ceux qui refusent ou contestent la suprématie de la raison, par stupidité, par intérêt ou par aveuglement. Les discréditer, c'est déconsidérer ce qu'ils sont et ce qu'ils pensent.

1 • Par la satire

- Prêtres ou moines, les **religieux** sont systématiquement **moqués et dépréciés.** Selon Érasme, être moine, c'est « s'engager par un serment inviolable à être inutile au genre humain, à être absurde et esclave, et à vivre aux dépens d'autrui ». Ce sont des « gueux » qui ont pour chef un « papegaut » (le pape), dont la « folie » consiste à se dire « infaillible ».

- Les professionnels de la justice, **avocats et juges**, ne sont pas davantage épargnés : **incompétents et cupides**, ils ne soucient guère de ce que devrait être la justice.

- À en juger enfin par les propos que tient le Bachelier, l'**université** – la Sorbonne en l'occurrence – forme des **étudiants à la tête bien remplie mais mal faite**, et rétifs à toute évolution.

2 • Par l'ironie

- L'**ironie** est la **marque des écrits de Voltaire.** Figure de style consistant à dire le contraire de ce que l'on pense pour faire comprendre qu'en réalité on pense le contraire de ce que l'on dit, l'**antiphrase** en est l'un des procédés favoris. L'Avocat s'étonne ainsi que le Plaideur ose se plaindre, alors qu'« on n'a mangé en frais de justice que le tiers » de l'héritage à venir. Le Chapon fait allusion à un homme qui s'est fait « chrétien par gourmandise ». Quand on sait que l'Église range la gourmandise au rang des sept péchés capitaux, l'allusion est savoureuse.

• Parfois l'ironie réside dans un **oxymore**[1] : le Mandarin critique les « fraudes pieuses », en vigueur en Europe : aucune « fraude » ne peut par nature être qualifiée de « pieuse » puisqu'elle est un délit.

• Ailleurs, l'ironie réside dans l'**emploi d'un simple pronom**. Le Bachelier vante ainsi la solitude, car « *on* dit que c'est la véritable vie de l'homme » : ce « on », chacun au XVIIIe siècle le connaissait, c'était Rousseau. L'anonymat dans lequel Voltaire le plonge est un coup de griffe.

3 • Par la dénonciation d'absurdités

• Dans le combat d'idées qu'il mène, Voltaire souligne fréquemment l'**irrationalité des comportements et des dires** des obscurantistes. Érasme s'indigne que l'on puisse affirmer et faire accroire qu'un individu se trouve simultanément en deux endroits différents, de surcroît très éloignés l'un de l'autre. Le Sauvage ne peut admettre qu'il soit impossible à l'« Être infini [Dieu] de faire quelque chose de mieux que ce que nous voyons ».

• Absurdes sont également les **contradictions entre les paroles et les actes**. Le Jésuite s'indigne de certaines pratiques religieuses chinoises que lui-même approuve quand elles ont cours en Europe : la vente de chiffons pour gagner le ciel vaut bien en effet celle des indulgences[2].

4 • Par la structure même du récit

• Enfin le **mouvement** des *Dialogues philosophiques* **fait sens**, lequel est toujours **défavorable aux obscurantistes**. Très souvent, ceux-ci se révèlent d'emblée arrogants ou imbus de leurs connaissances ou de ce qu'ils prennent pour telles : le Jésuite se sent supérieur aux bonzes, le Bachelier au Sauvage, l'Avocat au Plaideur, et longtemps Mme de Maintenon à Ninon de Lenclos. Ils parlent beaucoup et se présentent à leur avantage.

• Puis, progressivement, le dialogue tourne à leur désavantage. Le Jésuite se voit contraint d'approuver le Mandarin, qui lui donne une leçon de sagesse. Le Sauvage quitte, moqueur et exaspéré, le Bachelier. Le Plaideur mesure la nullité de son Avocat. Et Ninon plaint Mme de Maintenon.

1. **Oxymore** : alliance de deux mots de significations opposées.
2. **Indulgence** : rémission par l'Église des peines que les péchés méritent. À l'époque de Rabelais et encore à celle de Voltaire, ces indulgences pouvaient être achetées par le pécheur inquiet.

• Voltaire met ainsi tout en œuvre, **tant sur le fond que dans la forme**, pour discréditer ses adversaires.

DES ESPRITS ÉCLAIRÉS SYMPATHIQUES

À l'inverse, Voltaire présente sous un jour bienveillant et agréable ceux qui s'inscrivent dans le courant des Lumières.

1 • Par la référence constante à la raison

• La **raison** est le **guide des** personnages qui se comportent, de fait, en **partisans des Lumières**. Rabelais évoque « la sagesse et la science » ; Érasme se range parmi les « gens d'esprit » contre ceux qui « voulurent assommer la raison qui commençait à relever la tête ». Le Mandarin milite en faveur de « dogmes purs » qui « ont paru dictés par la raison universelle ». Le Plaideur argumente contre son Avocat, comme le prouve son utilisation anaphorique des « mais » qui expriment à chaque fois une objection.

• Chez les moins instruits, le **bon sens** est un **substitut de la raison et du savoir**. Les étonnements, interrogations et réponses du Sauvage témoignent d'un esprit sensé. Plus instruit, le Plaideur argumente contre les dires de son Avocat, ainsi que le prouve son usage anaphorique des « mais » qui introduisent une objection. Même le Chapon s'exprime logiquement !

2 • Par l'établissement des faits

• Tous les personnages s'efforcent d'établir la vérité à partir de **faits vérifiables et** parfaitement **établis**. Chacun donne ses **références**, cite ses **sources**. Le Chapon s'inspire du philosophe Porphyre, dont il donne l'impression d'avoir lu les œuvres. Le Mandarin s'appuie sur une tradition intellectuelle de « près de cinq mille ans ». Mme de Maintenon parle d'après sa propre expérience, qui la conduit à constater que la réussite ne rend pas obligatoirement heureux. Les trois satiristes se fondent sur leur observation de la société. Le Sauvage réagit en fonction de son instinct et de sa conscience morale.

• Contrairement aux obscurantistes qui formulent des idées creuses et toutes faites, tous se comportent en **esprits soucieux du réel**, avant d'émettre le moindre jugement. Ils refusent ainsi tout dogmatisme.

3 • Par des raisonnements déductifs

Leur démarche, **scientifique** dans sa conception, conduit les esprits éclairés à **privilégier les raisonnements de type déductif**. À partir de l'exemple d'un « raïa de l'Inde », le Mandarin déduit la nécessité d'une religion simple, humaine, exempte de toute superstition et de tous méfaits. Constatant les nombreux dysfonctionnements de la justice, le Plaideur (et non l'Avocat !) appelle de ses vœux une profonde réforme de la justice. Le Chapon, de son côté, expose rationnellement son avis, comme le montrent les connecteurs logiques qu'il emploie : « il prouve que », « en effet », « aussi ». Pour le plaisir de son lecteur, Voltaire transforme cette volaille en esprit éclairé !

4 • Par le recours à une rhétorique émotive

- Si **convaincre** tend à obtenir l'**assentiment intellectuel**, raisonné, d'autrui, **persuader** s'adresse davantage à l'**affectivité**, à l'**émotion** qu'à la rationalité. Voltaire n'oppose pas les deux notions, qu'il juge complémentaires.

- Le sort du Chapon et de la Poularde, mutilés et appelés à de plus grands malheurs, nous pousse à nous interroger sur la **souffrance animale**. Un tel sujet ne peut qu'émouvoir. On plaint Érasme d'avoir été « entouré de fanatiques » dont les uns cherchaient à l'assassiner et les autres à le faire brûler vif. Avec quelle insistance Voltaire décrit les **ravages du fanatisme et de l'aveuglement** : « Les campagnes sont ravagées, les villes mises en cendres, les peuples égorgés. » Quand il ne nous émeut pas, il nous fait sourire : par un jeu de mots, par une formule, par une caricature.

- Tout en s'adressant à notre **intelligence**, Voltaire fait appel à nos **émotions**. Comment, dès lors, ne pas approuver son combat en faveur des Lumières ?

Un procédé de la satire : le regard étranger

Tourner en dérision un comportement, ridiculiser un individu ou un groupe d'individus, dénoncer les dysfonctionnements d'une société sont les buts traditionnels de la satire. Elle est un regard ironique ou mordant porté sur les mœurs et les pratiques d'une époque. Quel est toutefois ce regard ?

Chez Voltaire, il est presque toujours extérieur, étranger au monde observé. La fiction autorisant toutes les libertés, c'est le regard d'un animal – naturellement doté de la parole – sur le genre humain (→ document 1), *d'un mort sur ses descendants* (→ document 4), *d'un non-Européen sur les Européens* (→ document 2). *Parfois ce regard est celui d'un ignorant, d'un profane ou d'un « sauvage »* (→ document 5), *comme on disait au* XVIIIe *siècle. Toujours, il est étranger, il est le regard de l'Autre.*

Un tel procédé présente des avantages. Précisément parce qu'il vient d'ailleurs, cet Autre peut (faussement) faire preuve de naïveté, soulever des questions dérangeantes, formuler des jugements hâtifs. Sa liberté est totale. Pour l'auteur, c'est un moyen plaisant de propager ses idées et, parfois, de se prémunir contre la censure : ce n'est pas lui qui parle, mais un Chapon ou un Mandarin chinois ! Personne n'était dupe, du moins les apparences restaient-elles sauves. Quant au lecteur, il ne pouvait que s'en amuser.

Ce procédé dit du « regard étranger », Voltaire ne l'a pas inventé. Il existait bien avant lui, même si le XVIIIe siècle *l'a fréquemment utilisé.*

DOCUMENT 1

JEAN DE LA FONTAINE, « L'Homme et la Couleuvre », *Fables* (1668-1695), X, 1

Le genre de la fable se prête par définition à l'observation du genre humain par un regard étranger, le plus souvent animal. Par ce biais, la fable devient satire sociale, politique, voire se change en débat philosophique. La Fontaine s'en est fait une spécialité dans ses trois recueils de Fables.

Dans « L'Homme et la Couleuvre », un homme rencontre un serpent, qu'il s'apprête aussitôt à tuer, au motif qu'il est le « symbole des ingrats », car il ne fait pas de différence entre les bons et les méchants. Le serpent entreprend de se justifier en faisant le procès de l'espèce humaine. Ses arguments annoncent ceux du Chapon de Voltaire (cruauté, injustice, égoïsme de l'homme).

[...] Le serpent en sa langue
Reprit du mieux qu'il put : « S'il fallait condamner
Tous les ingrats qui sont au monde,
À qui pourrait-on pardonner ?
Toi-même tu te fais ton procès. Je me fonde
Sur tes propres leçons ; jette les yeux sur toi.
Mes jours sont en tes mains, tranche-les : ta justice,
C'est ton utilité, ton plaisir, ton caprice ;
Selon ces lois condamne-moi ;
Mais trouve bon qu'avec franchise
En mourant au moins je te dise
Que le symbole des ingrats
Ce n'est point le serpent, c'est l'homme. » Ces paroles
Firent arrêter l'autre ; il recula d'un pas.
Enfin il repartit[1] : « Tes raisons sont frivoles[2] :
Je pourrai décider ; car ce droit m'appartient ;
Mais rapportons-nous-en[3]. – Soit fait », dit le reptile.
Une vache était là, l'on l'appelle, elle vient ;
Le cas est proposé, c'était chose facile.
« Fallait-il pour cela, dit-elle, m'appeler ?
La Couleuvre a raison, pourquoi dissimuler ?
Je nourris celui-ci[4] depuis longues années ;
Il n'a sans mes bienfaits passé nulles journées ;
Tout n'est que pour lui seul ; mon lait et mes enfants
Le font à la maison revenir les mains pleines ;
Même j'ai rétabli sa santé, que les ans
Avaient altérée, et mes peines
Ont pour but son plaisir ainsi que son besoin.
Enfin me voilà vieille ; il me laisse en un coin
Sans herbe ; s'il voulait encor[5] me laisser paître !
Mais je suis attachée, et si j'eusse eu pour maître
Un serpent, eût-il su[6] jamais pousser si loin
L'ingratitude ? Adieu. J'ai dit ce que je pense. »
[...]

1. Repartit : répliqua.
2. Frivoles : inconsistantes, sans valeur.
3. Rapportons-nous-en : remettons-nous-en à quelqu'un pour en décider.
4. Celui-ci : l'homme.
5. Encor : encore (licence poétique).
6. Eût-il su : aurait-il su.

DOCUMENT 2

MONTESQUIEU, *Lettres persanes*, (1721), lettre 29

Deux Persans, Usbek et Rica, voyagent en France et font part de leurs impressions à leurs amis restés au pays. Le regard est ici celui d'un observateur, de confession musulmane, qui appartient à une autre civilisation. Voici comment Rica décrit la hiérarchie catholique à son ami Ibben. Sa fausse naïveté est à la fois irrévérencieuse et terrible, tout comme l'est la satire de l'Église dans l'entretien de Voltaire entre un Mandarin chinois et un Jésuite. Les deux auteurs prennent la précaution de placer leur critique dans la bouche d'un étranger. À une époque où la tolérance religieuse et la liberté de penser n'existaient quasiment pas, le risque aurait été trop grand de faire parler un Français.

Ricca à Ibben, à Smyrne[1]

Le Pape est le chef des Chrétiens. C'est une vieille idole qu'on encense par habitude. Il était autrefois redoutable aux princes mêmes : car il les déposait[2] aussi facilement que nos magnifiques sultans déposent les rois d'Irimette et de Géorgie[3]. Mais on ne le craint plus. Il se dit successeur d'un des premiers Chrétiens, qu'on appelle saint Pierre[4], et c'est certainement une riche succession : car il a des trésors immenses et un grand pays sous sa domination.

Les évêques sont des gens de loi qui lui sont subordonnés et ont, sous son autorité, deux fonctions bien différentes : quand ils sont assemblés, ils font, comme lui, des articles de foi ; quand ils sont en particulier, ils n'ont guère d'autres fonctions que de dispenser d'accomplir la Loi. Car tu sauras que la religion chrétienne est chargée d'une infinité de pratiques très difficiles, et, comme on a jugé qu'il est moins aisé de remplir ses devoirs que d'avoir des évêques qui en dispensent, on a pris ce dernier parti pour l'utilité publique. [...] Les évêques ne font pas des articles de foi de leur propre mouvement. Il y a un nombre infini de docteurs, la plupart dervis[5], qui soulèvent entre eux mille questions nouvelles sur la religion. On les laisse disputer[6] longtemps et la guerre dure jusqu'à ce qu'une décision vienne la terminer. Aussi puis-je t'assurer qu'il n'y a jamais eu de royaume où il y ait eu tant de guerres civiles que dans celui du Christ.

1. Smyrne : ville et port aujourd'hui en Turquie.
2. Il déposait : il destituait, détrônait.
3. Irimette : nom d'un petit royaume voisin de la Perse ; **Géorgie** : région puis pays entre le Caucase et la mer Noire.
4. Saint Pierre : un des douze apôtres de Jésus et premier pape de l'Église catholique, mort en 64 de notre ère.
5. Dervis : sorte de moines musulmans.
6. Disputer : débattre.

DOCUMENT 3

MARIVAUX, *L'Île des esclaves* (1725), scène 1

Victimes d'un naufrage, Iphicrate et son valet Arlequin, en provenance d'Athènes, abordent le rivage d'une île étrange : l'île des esclaves. Par un échange imposé de condition, de vêtements et même de nom, les maîtres y sont contraints de prendre la place de leurs domestiques tandis que les domestiques prennent celle de leurs maîtres. Gouverneur de l'île, Trivelin leur explique ce qui les attend. Le regard étranger est ici celui d'un habitant d'un improbable ailleurs, qui aboutit à une contestation de la hiérarchie sociale.

TRIVELIN. – Quand nos pères, irrités de la cruauté de leurs maîtres, quittèrent la Grèce et vinrent s'établir ici dans le ressentiment des outrages[1] qu'ils avaient reçus de leurs patrons, la première loi qu'ils y firent fut d'ôter la vie à tous les maîtres que le hasard ou le naufrage conduirait dans leur île et, conséquemment, de rendre la liberté à tous les esclaves. La vengeance avait dicté cette loi ; vingt ans après la raison l'abolit, et en dicta une plus douce. Nous ne nous vengeons plus de vous, nous vous corrigeons ; ce n'est plus votre vie que nous poursuivons, c'est la barbarie de vos cœurs que nous voulons détruire ; nous vous jetons dans l'esclavage pour vous rendre sensibles aux maux qu'on y éprouve : nous vous humilions afin que, nous trouvant superbes, vous vous reprochiez de l'avoir été. Votre esclavage ou plutôt votre cours d'humanité dure trois ans au bout desquels on vous renvoie si vos maîtres sont contents de vos progrès ; et, si vous ne devenez pas meilleurs, nous vous retenons par charité pour les nouveaux malheureux que vous iriez faire encore ailleurs.

DOCUMENT 4

JEAN-JACQUES ROUSSEAU, *Discours sur les sciences et les arts* (1750)

Pour montrer que le progrès est source de décadence et d'amollissement des mœurs, Rousseau prend l'exemple de Rome que, dit-il, le luxe, la science et les arts ont conduite à sa perte. En une longue prosopopée[2], il choisit de faire parler un mort, Fabricius[3], qui admoneste ses lointains descendants. Étranger, ce regard l'est

1. **Ressentiment** : rancœur ; **outrages** : affronts.
2. **Prosopopée** : procédé par lequel un auteur fait parler fictivement un individu mort ou absent.
3. **Fabricius** : consul romain en 282 et 278 avant notre ère, symbole de droiture et de vertu.

doublement : parce qu'il surgit de l'au-delà et parce qu'il émane d'un temps révolu. C'est l'occasion pour Rousseau de se livrer à un réquisitoire implacable contre les Lumières.

Ô Fabricius ! qu'eût pensé votre grande âme si, pour votre malheur, rappelé à la vie, vous eussiez vu la face pompeuse de cette Rome sauvée par votre bras, et que votre nom respectable avait plus illustrée que toutes ses conquêtes ? « Dieux ! eussiez-vous[1] dit, que sont devenus ces toits de chaume et ces foyers rustiques[2] qu'habitaient jadis la modération et la vertu ? Quelle splendeur funeste a succédé à la simplicité romaine ? Quel est ce langage étranger ? Quelles sont ces mœurs efféminées ? Que signifient ces statues, ces tableaux, ces édifices ? Insensés, qu'avez-vous fait ? Vous, les maîtres des nations, vous vous êtes rendus les esclaves des hommes frivoles que vous avez vaincus ! Ce sont des rhéteurs[3] qui vous gouvernent ! C'est pour enrichir des architectes, des peintres, des statuaires et des histrions[4] que vous avez arrosé de votre sang la Grèce et l'Asie ! Les dépouilles de Carthage[5] sont la proie d'un joueur de flûte[6] ! Romains, hâtez-vous de renverser ces amphithéâtres ; brisez ces marbres, brûlez ces tableaux, chassez ces esclaves qui vous subjuguent, et dont les funestes arts vous corrompent !

DOCUMENT 5

DENIS DIDEROT, *Supplément au Voyage de Bougainville* (rédigé en 1772, éd. posthume 1796)

En 1771, paraissait le Voyage autour du monde, *du navigateur Bougainville. Diderot imagine un* Supplément *à ce* Voyage, *dans lequel un Tahitien défend sa culture et son mode de vie contre les ambitions des Européens. C'est un réquisitoire contre le colonialisme – même si le mot n'existait pas encore – et en même temps un plaidoyer en faveur de l'égalité des hommes entre eux.*

1. Eussiez-vous dit : conditionnel passé seconde forme, d'un emploi très littéraire, pour « auriez-vous dit ».
2. Foyers rustiques : maisons très simples.
3. Rhéteurs : orateurs sacrifiant à l'art du discours la vérité ou la sincérité des propos.
4. Statuaires : sculpteurs de statues ; **histrions** : acteurs jouant des farces grossières.
5. Carthage : ville d'Afrique du Nord (proche aujourd'hui de Tunis) rivale de Rome, vaincue par celle-ci et rasée.
6. Allusion à l'empereur Néron (37-68 de notre ère) qui, dit-on, jouait de la lyre en contemplant un incendie qui ravageait Rome.

Puis s'adressant à Bougainville, il ajouta : « Et toi, chef des brigands qui t'obéissent, écarte promptement ton vaisseau de notre rive : nous sommes innocents, nous sommes heureux ; et tu ne peux que nuire à notre bonheur. Nous suivons le pur instinct de la nature ; et tu as tenté d'effacer de nos âmes son caractère. [...] Nous sommes libres ; et voilà que tu as enfoui dans notre terre le titre de notre futur esclavage. Tu n'es ni un dieu, ni un démon : qui es-tu donc, pour faire des esclaves ? Orou ! toi qui entends la langue de ces hommes-là, dis-nous à tous, comme tu me l'as dit à moi, ce qu'ils ont écrit sur cette lame de métal : Ce pays est à nous. Ce pays est à toi ! et pourquoi ? Parce que tu y as mis le pied ? Si un Tahitien débarquait un jour sur vos côtes, et qu'il gravât sur une de vos pierres ou sur l'écorce d'un de vos arbres : Ce pays appartient aux habitants de Tahiti, qu'en penserais-tu ? Tu es le plus fort ! Et qu'est-ce que cela fait ? [...] Tu crois donc que le Tahitien ne sait pas défendre sa liberté et mourir ? Celui dont tu veux t'emparer comme de la brute, le Tahitien, est ton frère. Vous êtes deux enfants de la nature ; quel droit as-tu sur lui qu'il n'ait pas sur toi ? Tu es venu ; nous sommes-nous jetés sur ta personne ? avons-nous pillé ton vaisseau ? t'avons-nous saisi et exposé aux flèches de nos ennemis ? t'avons-nous associé dans nos champs au travail de nos animaux ? Nous avons respecté notre image en toi.

DOCUMENT 6

VOLTAIRE, *Dialogue entre madame de Maintenon et mademoiselle de Lenclos* (1751)

→ p. 53-58

Dans ce dialogue, plus philosophique que satirique, deux conceptions s'affrontent sur la définition du bonheur. Les regards proviennent ici de deux milieux sociaux différents. En quoi le bonheur consiste-t-il pour une femme qui s'avance en âge ? Dans la jouissance du pouvoir et des biens matériels ? Ou dans l'amitié, la liberté et la conversation ?

La tolérance : un devoir, des bienfaits

| SUJET D'ÉCRIT 1 |

Objet d'étude : la question de l'homme dans les genres de l'argumentation.

DOCUMENTS

- **MONTESQUIEU, *Lettres persanes*** (1721) → TEXTE 3, p. 66-67
- **ANONYME, article « Réfugiés », *Encyclopédie*** (1751-1772) → TEXTE 5, p. 68-69
- **DE JAUCOURT, article « Presse », *Encyclopédie*** (1751-1772) → TEXTE 6, p. 70-71
- **DAMILAVILLE, article « Paix », *Encyclop*édie** (1751-1772) → TEXTE 15, p. 79-80

QUESTIONS SUR LE CORPUS

1 Quels avantages, et pour qui, ces quatre auteurs trouvent-ils à la tolérance ?

2 Quels procédés argumentatifs utilisent-ils pour exposer et défendre leurs thèses ?

TRAVAUX D'ÉCRITURE

Commentaire (séries générales)

Vous ferez le commentaire du texte de Montesquieu (texte 3, p. 66-67).

Commentaire (séries technologiques)

Vous ferez le commentaire du texte de Montesquieu (texte 3, p. 66-67) en vous aidant des pistes de lecture suivantes.

- Quel est le ton du texte ?
- Quelle question fondamentale ce texte soulève-t-il ?

Dissertation

La tolérance doit-elle, à votre sens, tout permettre ?

Écriture d'invention

Imaginez une situation, quelle qu'elle soit, où la tolérance puisse s'exercer, quelle qu'en soit la forme.

Qu'est-ce que l'homme dans les *Dialogues philosophiques* ?

| SUJET D'ÉCRIT 2 |

Objet d'étude : la question de l'homme dans les genres de l'argumentation.

DOCUMENTS

- **VOLTAIRE, *Dialogue du Chapon et de la Poularde*** (1763-1765) → p. 8-14
- **VOLTAIRE, *Conversation de Lucien, Érasme et Rabelais dans les Champs-Élysées*** (1765) → p. 16-23
- **VOLTAIRE, *Entretiens entre un Sauvage et un Bachelier*** (1761) → p. 34-38
- **VOLTAIRE, *Dialogue entre Mme de Maintenon et Mlle de Lenclos*** (1751) → p. 53-58

QUESTIONS SUR LE CORPUS

1 Comment le Chapon voit-il l'espèce humaine ?

2 Quel type d'homme le Sauvage et le Bachelier sont-ils censés incarner ?

TRAVAUX D'ÉCRITURE

Commentaire (séries générales)

Vous ferez le commentaire de l'extrait du premier des deux *Entretiens du Sauvage et du Bachelier* depuis : « LE BACHELIER : Je serais curieux de savoir quelles sont vos idées : que pensez-vous de l'homme ? » (p. 36, l. 42) jusqu'à : « LE SAUVAGE : Voilà bien des questions ! » (p. 37, l. 73).

Commentaire (séries technologiques)

Vous ferez le commentaire de l'extrait du premier des deux *Entretiens du Sauvage et du Bachelier* depuis : « LE BACHELIER : Je serais curieux de savoir quelles sont vos idées : que pensez-vous de l'homme ? » (p. 36, l. 42) jusqu'à : « LE SAUVAGE : Voilà bien des questions ! » (p. 37, l. 73). Vous vous aiderez des pistes de lecture suivantes.

– Quel type de supériorité sur l'espèce animale le Sauvage attribue-t-il à l'homme ?
– Quel sujet important les questions du Bachelier soulèvent-elles ?

Dissertation

Pensez-vous, comme le souhaitent le Chapon et la Poularde, que les humains devraient s'abstenir de consommer de la viande ?

Écriture d'invention

Imaginez les pensées et l'état d'esprit du Sauvage quand, fatigué des questions que lui pose le Bachelier, il met fin à leur rencontre.

Le déisme du Mandarin | SUJET D'ORAL 1

• **VOLTAIRE**, *Entretiens chinois entre un Mandarin et un Jésuite*

Depuis : « Le Mandarin : Je suis juste, je suis vrai, je suis humain » jusqu'à : « J'en ai vu plus d'un triste exemple dans les pays étrangers et dans ma patrie » → p. 29-30, l. 91-133

PROBLÉMATIQUE

Le Mandarin, derrière lequel se cache Voltaire, dissocie les pratiques religieuses, source de superstitions et de fanatisme, de la croyance en un Dieu universel, ordonnateur du monde et rémunérateur des bonnes actions. Il professe un déisme rationnel.

MOUVEMENT DE L'EXTRAIT

• L'extrait s'ouvre sur une proclamation de foi en un idéal purement humain : « Je suis juste, je suis vrai, je suis humain » (p. 29, l. 91).

• S'ensuit un implacable procès des religions : dogmes absurdes, pratiques superstitieuses et, pire encore, appuis apportés aux « destructeurs nommés conquérants ».

• Deux conséquences en découlent, toutes deux néfastes : soit le fidèle suit ce que les religieux lui enseignent et il devient un fanatique ; soit il s'aperçoit qu'il a été dupé, et il perd toute morale.

• Conclusion : la raison pousse à vénérer un « Dieu infini », en dehors de tout dogme et de tout rite. Il suffit d'être pleinement humain pour l'adorer.

QUESTION

Quels méfaits le Mandarin attribue-t-il aux religions ?

Pour vous aider à répondre

Outre les rites et les dogmes absurdes des religions qu'il dénonce, le Mandarin voit en celles-ci la principale source de violence. Même si c'est par des chemins différents, l'athéisme est aussi dangereux que la foi aveugle.

COMME À L'ENTRETIEN

1 Quels portraits Voltaire fait-il des théologiens et des prédicateurs ?

2 Par quel cheminement un « raïa » en vient-il à se comporter comme un assassin ?

3 Pourquoi le Mandarin ne parle-t-il que des religions de son pays ?

4 Comment le lecteur français du XVIIIe siècle doit-il comprendre cette longue tirade du Mandarin ?

Les caractéristiques de la satire

| SUJET D'ORAL 2 |

• **VOLTAIRE**, *Conversation de Lucien, Érasme et Rabelais dans les Champs-Élysées*

Depuis : « RABELAIS : Il faut que je vous apprenne ce qu'était ma nation » jusqu'à la fin → p. 22-23, l. 127-157

PROBLÉMATIQUE

L'extrait aborde deux sujets, découlant l'un de l'autre : l'origine, chez Rabelais, de sa vocation de romancier satirique, et la finalité de la satire.

MOUVEMENT DE L'EXTRAIT

• Dans un premier temps, Rabelais dit avoir écrit des romans gaillards et paillards pour échapper aux persécutions religieuses. Sous cette apparence purement plaisante, il pouvait dire ce qu'il voulait.

• Dans un second temps, il assigne à la satire la mission de rendre les hommes plus raisonnables.

QUESTION

Quelle finalité Rabelais et Érasme donnent-ils au genre de la satire ?

Pour vous aider à répondre

Sous la plume de Voltaire, qui a lui-même beaucoup pratiqué la satire, celle-ci a pour but de « détromper » les hommes, c'est-à-dire de les corriger en leur montrant moins leurs défauts

que leur « folie ». La satire est une des multiples armes au service des Lumières. Voltaire enrôle en quelque sorte Rabelais dans sa propre lutte.

COMME À L'ENTRETIEN

1 Pourquoi cette conversation de Rabelais et d'Érasme ne peut-elle se tenir qu'aux Enfers, dans les « Champs-Élysées » ?

2 Sur quoi porte le désaccord entre Érasme et Rabelais ?

3 Pourquoi Rabelais rit-il quand il voit « un docteur arriver dans ce pays-ci » (p. 23, l. 148-149) ?

Vraie et fausse philosophie

| SUJET D'ORAL 3 |

• **VOLTAIRE**, *Second entretien du Sauvage et du Bachelier*

Depuis le début jusqu'à : « Vous voyez que tout cela va le mieux du monde, du moins pour moi » → p. 40-42, l. 1-47

PROBLÉMATIQUE

Cet extrait présente, sous une apparence parfois anodine, deux systèmes philosophiques : le « sensualisme » (à ne pas confondre avec la sensualité !), thèse selon laquelle tout découle de nos « sensations » et nos idées dépendent du plus ou moins bon fonctionnement de notre organisme ; et la philosophie spiritualiste de Leibniz, selon laquelle Dieu fait bien tout ce qu'il fait.

MOUVEMENT DE L'EXTRAIT

• L'indigestion dont, à la suite d'un bon repas, le Sauvage est victime, lui trouble les idées. Le lien est ainsi établi entre l'état physique et l'activité intellectuelle.

• L'explication que donne le Bachelier est doublement absurde : en elle-même, parce qu'il fait appel à des arguments métaphysiques stupides et invérifiables ; et dans l'effet qu'elle produit : le Sauvage n'en comprend pas le moindre mot !

• Une liaison qui n'en est pas logiquement une (« allons par degrés ») : le Bachelier en vient à défendre une philosophie optimiste, doublement ridiculisée, et par l'étonnement du Sauvage, qui équivaut à la dénoncer, et par la justification absurde qu'en donne le Bachelier. Pour montrer que tout est bien dans le meilleur des mondes possibles, il énumère les guerres, les massacres et les catastrophes !

QUESTION

Faites le portrait comparé du Sauvage et du Bachelier.

Pour vous aider à répondre

Les deux portraits sont en exacte opposition :
– le Sauvage est peu bavard, le Bachelier l'est beaucoup ;
– le Sauvage est sensé dans l'analyse de ce qu'il ressent, quand le Bachelier ne vit que dans de fumeuses abstractions ;
– le Sauvage ne demande qu'à comprendre, quand le Bachelier ne sait que répéter les âneries qu'il a apprises.

COMME À L'ENTRETIEN

1 À quoi constate-t-on que le Bachelier dit n'importe quoi ?

2 Comment comprendre cette remarque du Sauvage : « Ce que vous me dites me paraît bien ingénieux » ? (p. 41, l. 22)

3 Pourquoi, selon le Bachelier, est-il « impossible à l'Être infini de faire quelque chose de mieux que ce que nous voyons » ? (p. 41, l. 29-30)

Une leçon de vie et de sagesse

| SUJET D'ORAL 4 |

• **VOLTAIRE**, *Dialogue entre madame de Maintenon et mademoiselle de Lenclos*

Depuis : « MADAME DE MAINTENON : Ce serait de troquer, du moins en apparence, votre philosophie contre de la pruderie » jusqu'à la fin → p. 56-58, l. 80-126

PROBLÉMATIQUE

En quoi consiste le véritable bonheur ?

MOUVEMENT DE L'EXTRAIT

• Une double définition négative : le bonheur ne consiste pas dans la notoriété et la toute-puissance ; bien que reine, Mme de Maintenon n'est pas heureuse à la cour. Il n'est pas davantage dans une vie plus tranquille, hors de la cour. Mme de Maintenon ne peut se résoudre à vivre « rue des Tournelles », pas plus que Ninon ne s'imagine vivre à Versailles. D'où leur désaccord.

• En fait, ce désaccord repose sur un malentendu : la tristesse de Mme de Maintenon vient de ce qu'elle vieillit et qu'il est difficile pour tous, mais plus encore pour une femme, d'accepter de vieillir.

• Seule, conclut Ninon, la philosophie et l'amitié de bons esprits aident à vivre sereinement.

QUESTION

Qu'est-ce qui rapproche et qu'est-ce qui oppose les deux interlocutrices ?

Pour vous aider à répondre

– Ce qui les rapproche : une amitié ancienne, de jeunesse, quand toutes les deux menaient belle et joyeuse vie.
– Ce qui les oppose : leur position sociale, leur réputation, de prude pour Mme de Maintenon et de libertine pour Ninon, le mal de vivre de l'une et le bonheur de l'autre. C'est l'image d'un monde renversé.

COMME À L'ENTRETIEN

1 Commentez la formule de Ninon : « Je suis toujours sensible » (p. 57, l. 92).

2 Comment Ninon explique-t-elle que beaucoup de femmes deviennent « dévotes » après « cinquante ans » ?

3 Expliquez la formule finale : « Auguste infortunée ».

Une couverture publicitaire et révolutionnaire | LECTURE 1 |

DOCUMENT

- ANONYME, Frontispice de l'*Encyclopédie* (1751) → 2e de couverture et p. 62

*Un « frontispice » est la gravure ou la planche illustrée placée, soit avant la page de titre, soit sur celle-ci. Voici celui – qui fait date dans l'histoire littéraire et dans celle des idées – qui figurait dans le premier tome de la première édition de l'*Encyclopédie.

QUESTIONS

1 Comment ce Frontispice réunit-il tous les gages de sérieux ?

2 Que représente le personnage au centre de l'image ?

3 Quels types de lecteurs ce Frontispice cherche-t-il à attirer ?

Un philosophe engagé | LECTURE 2 |

DOCUMENT

- ANONYME, *La Famille Calas devant Voltaire* (XVIIIe siècle) → 3e de couverture et p. 67

L'« affaire Calas », dont Voltaire s'occupa, eut un retentissement important. Elle devint vite le symbole de l'arbitraire et des dysfonctionnements de la justice. De nombreux peintres évoquèrent cette affaire, comme en témoigne ce tableau d'un anonyme.

QUESTIONS

1 Combien de membres compte la famille Calas ?

2 Quelles sont les attitudes de chacun de ses membres ?

3 Comment Voltaire est-il représenté ?

6 Abbé Prévost
Manon Lescaut

88 Apollinaire
Alcools suivi d'une anthologie sur **l'ivresse poétique**

41 Balzac
Le Chef-d'œuvre inconnu
Sarrasine

47 Balzac
Le Colonel Chabert

11 Balzac
La Duchesse de Langeais
Ferragus - La Fille aux yeux d'or

3 Balzac
La Peau de chagrin

34 Balzac
Le Père Goriot et autres textes sur **le thème de l'argent**

20 Baudelaire
Les Fleurs du mal
Mon cœur mis à nu

61 Baudelaire
Le Spleen de Paris (Petits Poèmes en prose) suivi d'une anthologie sur **le poème en prose**

55 Beaumarchais
Le Barbier de Séville

15 Beaumarchais
Le Mariage de Figaro
Essai sur le genre dramatique

59 Chateaubriand
René

51 Corneille
Le Cid

2 Corneille
L'Illusion comique et autres textes sur **le théâtre dans le théâtre**

87 Corneille
Médée suivi d'une anthologie sur **le mythe de Médée**

38 Diderot
Jacques le Fataliste

66 Diderot
Supplément au Voyage de Bougainville et autres textes sur **le thème de la nature humaine**

96 Dumas fils
La Dame aux camélias suivi d'une anthologie **Roman et morale**

89 Dumas
Pauline suivi d'une anthologie sur **les héroïnes romantiques**

80 Durringer
Ex-voto

62 Flaubert
L'Éducation sentimentale

17 Flaubert
Madame Bovary
Un cœur simple

91 Flaubert
Madame Bovary
suivi des **actes du Procès**
avec **20 questions traitées**

44 Flaubert
Trois Contes

93 Giraudoux
Électre suivi d'une anthologie sur **la tragédie**

4 Hugo
Le Dernier Jour d'un condamné
et autres textes sur **la peine de mort**

60 Hugo
Hernani

95 Hugo
Pauca meæ, livre IV des Contemplations suivi d'une anthologie sur **la poésie du romantisme au surréalisme**

21 Hugo
Ruy Blas

8 Jarry
Ubu roi

5 Laclos
Les Liaisons dangereuses

14 Lafayette (Mme de)
La Princesse de Clèves
La Princesse de Montpensier

70 La Fontaine
Fables VII, VIII, IX

78 Laroui
De quel amour blessé

75 Marivaux
Les Acteurs de bonne foi

46 Marivaux
L'Île des Esclaves

12 Marivaux
Le Jeu de l'amour et du hasard
L'Épreuve

30 Maupassant
Bel-Ami

52 Maupassant
Le Horla et autres nouvelles fantastiques

18 Maupassant
Nouvelles

27 Maupassant
Pierre et Jean suivi de **trois nouvelles réalistes**

40 Maupassant
Une vie et autres **récits de destins de femmes**

48 Mérimée
Carmen
Les Âmes du purgatoire

1 Molière
Dom Juan
suivi d'une anthologie sur **le mythe de Don Juan**

19 Molière
L'École des femmes
La Critique de l'École des femmes

25 Molière
Le Misanthrope et autres textes sur **l'honnête homme**

9 Molière
Le Tartuffe ou l'Imposteur
Lettre sur la comédie de l'Imposteur

86 Montaigne
Essais
et autres textes sur **la question de l'homme**

45 Montesquieu
Lettres persanes

81 Musset
Les Caprices de Marianne

10 Musset
Lorenzaccio et autres textes sur **la question politique**

98 Musset
On ne badine pas avec l'amour
suivi d'une anthologie sur **le drame romantique**

35 **La poésie française au XIXe siècle**
(anthologie)

26 Rabelais
Pantagruel
Gargantua

31 Racine
Andromaque suivi d'une anthologie sur **les héroïnes tragiques**

21 Racine
Bérénice

23 Racine
Britannicus

7 Racine
Phèdre

64 Rimbaud
Poésies
(Poésies - Une saison en enfer Illuminations)

37 Rostand
Cyrano de Bergerac
Lettres de Cyrano de Bergerac

79 Rotrou
Le Véritable Saint Genest

69 Shakespeare
Hamlet

72 Shakespeare
Roméo et Juliette

68 Sophocle
Œdipe roi

94 Sophocle/Pasolini
Œdipe roi
avec **20 questions traitées**

32 Stendhal
Le Rouge et le Noir

77 Trouillot
Bicentenaire

67 Verlaine
Poèmes saturniens
Fêtes galantes
Romances sans paroles
suivi d'une anthologie
sur **la poésie symboliste**

84 Vigny
Chatterton

13 Voltaire
Candide ou l'Optimisme
suivi d'une anthologie sur **le conte philosophique**

97 Voltaire
Dialogue du Chapon et de la Poularde et autres dialogues philosophiques
suivi d'une anthologie sur **les valeurs des Lumières**

24 Voltaire
L'ingénu

56 Voltaire
Micromégas et autres contes

33 Voltaire
Zadig

63 Zola
Au Bonheur des Dames

29 Zola
L'Assommoir

85 Zola
La Bête humaine et autres textes
sur **la figure du criminel**

49 Zola
La Curée

76 Zola
La Fortune des Rougon

28 Zola
Germinal

92 Zola
Naïs Micoulin • Nantas
Jacques Damour
L'inondation
La mort d'Olivier Bécaille
suivi d'une anthologie **Du réalisme au naturalisme**

43 Zola
Thérèse Raquin
Un mariage d'amour

Conception graphique de la maquette : c-album, Jean-Baptiste Taisne, Rachel Pfleger ; Studio Favre & Lhaïk ; dossier : Lauriane Tiberghien • Mise en pages : Chesteroc Ltd • Suivi éditorial : Luce Camus.

PAPIER À BASE DE FIBRES CERTIFIÉES

Hatier s'engage pour l'environnement en réduisant l'empreinte carbone de ses livres. Celle de cet exemplaire est de :
350 g éq. CO_2
Rendez-vous sur www.hatier-durable.fr

Achevé d'imprimer par Grafica Veneta à Trebaseleghe - Italie
Dépôt légal 99751-8/01 - Mars 2016